珍藏本
纪念版

汉译世界学术名著丛书

论神性

〔古罗马〕西塞罗 著

石敏敏 译

商务印书馆
SINCE 1897 The Commercial Press

2017年·北京

汉译世界学术名著丛书
（120年纪念版·珍藏本）
出 版 说 明

2017年2月11日，商务印书馆迎来120岁的生日。120年前，商务印书馆前贤怀揣文化救国的理想，抱持“昌明教育，开启民智”的使命，立足本土，放眼寰宇，以出版为津梁，沟通中西，为中国、为世界提供最富智慧的思想文化成果。无论世事白云苍狗，潮流左右激荡，甚至战火硝烟弥漫，始终践行学术报国之志，无改初心。

迻译世界各国学术名著，即其一端。早在20世纪初年便出版《原富》《天演论》等影响至今的代表性著作，1950年代后更致力于外国哲学和社会科学经典的译介，及至1980年代，辑为“汉译世界学术名著丛书”，汇涓为流，蔚为大观。丛书自1981年开始出版，历时三十余年，迄今已推出七百种，是我国现代出版史上规模最大、最为重要的学术翻译工程。

丛书所选之书，立场观点不囿于一派，学科领域不限于一门，皆为文明开启以来，各时代、各国家、各民族的思想与文化精粹，代表着人类已经到达过的精神境界。丛书系统译介世界学术经典，引领时代思想，为本土原创学术的发展提供丰富的文化滋养，为推动中国现代学术和现代化进程做出了突出的贡献。

为纪念商务印书馆成立120周年，我们整体推出“汉译世界学术名著丛书”120年纪念版的珍藏本，寄望既利于文化积累，又便于研读查考，同时向长期支持丛书出版的译者、编者和读者致以敬意。

两甲子后的今天，商务印书馆又站在了一个新的历史时间节点上。我们不仅要铭记先辈的身影和足迹，更须让我们的步伐充满新的时代精神。这是商务人代代相传的事业，更是与国家和民族的命运始终紧密相连的事业。我们责无旁贷，必须做好我们这代人的传承与创造，让我们的努力和成果不仅凝聚成民族文化的记忆，还能成为后来人可以接续的事业。唯此，才能不负前贤，无愧来者。

商务印书馆编辑部

2017年10月

中译本导言

王晓朝(清华大学哲学系教授)

西塞罗,西方古代史上赫赫有名的人物。古罗马共和国末期一位颇有影响的政治家,实际参与了贵族共和派与独裁者的殊死斗争;他又是罗马史上最著名的演说家,其演说词结构严谨,文采斐然,逻辑性强,富有说服力,并且建立了所谓的“西塞罗文体”;他还是一位重要的哲学家和神学家,曾大力呼吁创建拉丁文化,建立罗马人自己的哲学和神学,是基督教诞生以前最重要的拉丁理性神学家,为后世留下了一批重要的哲学和神学著作。西塞罗的著作与思想为我们研究希腊思想的拉丁化、拉丁思想的特征以及拉丁哲学和神学对基督教思想的影响,提供了一个不可多得的范例。

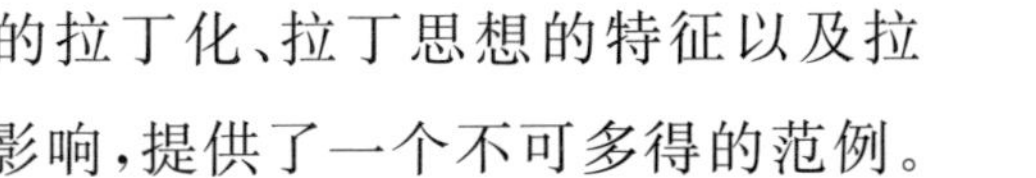

拉丁文化概述

在西方古代文化研究中,希腊文化(Greek Culture)与拉丁文化(Latin Culture)常被相提并论,视为西方文化的源起。然而,由于亚历山大大帝东征以后地中海世界曲折多变的历史进程,继续用希腊文化或拉丁文化都已很难涵盖地中海世界的文化变迁,于是便有了“希腊罗马文化”(Graeco-Roman Culture)这样并列的称谓。及至罗马帝国建立，以这两种民族文化为主干的罗马帝国文化有了统一的政治架构，开始发生整合。希腊文化和拉丁文化从那时起就不再是并列的、相对独立的两种文化，而是一种开始整合的统一文化了。在此意义上，“希腊罗马文化”与罗马帝国文化不是同义词，而是标识古代地中海世界文化发展两大阶段的名称。西塞罗生活于古罗马共和国末期，处在一个拉丁文化全面赶超希腊文化的时代。为了把握他的思想，我们有必要先对拉丁文化的发展概况作一了解。

追根溯源，希腊人与拉丁人原本是同宗同祖。在一个相当原始的史前时期，在里海和咸海以北那一片弧形的大草原上，繁衍生息着古代印度人、波斯人、日耳曼人、克尔特人、拉丁人、希腊人的祖先。他们分为许多部落和部族，过着逐水草而居的游牧生活。由于他们都讲一种原始的印欧语，因此被统称为印欧语系诸部族。大约公元前2500年左右，这些部族从石器时代演进到铜器时代。然而，他们还没有文字，与同时期的两河流域居民或埃及人相比，他们还是未开化的野蛮人。公元前2000年左右，印欧语系诸部族分成两大支前前后后从里海的东北岸向外迁移：一支向南迁徙到伊朗高原和印度，征服了当地的土著部落而定居下来，成为伊朗人和印度人；一支向西迁徙到欧洲，后来又分别地繁衍为希腊人、拉丁人、高卢人、日耳曼诸部族以及斯拉夫族。“从那时起，同一根株的两根枝条开始分离；我们后来再遇到他们的时候，他们的结构和果实完全不同了；但一枝长在意大利，一枝长在希腊。”[①]

① 丹纳，《艺术哲学》，人民文学出版社，1983年版，页243。

拉丁文化发端于意大利半岛的拉丁姆平原。位于这个平原上的小城罗马则是拉丁文化的主要代表。按照神话传说，亚尔巴国侍奉女灶神维斯塔的女祭司西尔维亚与战神马耳斯相爱，生下了双生子洛摩罗斯和勒莫，遭到国王阿穆勒的责罚，两个婴儿则被投入台伯河，随波逐流，漂到一片沙滩上，马耳斯派来一只母狼为他们哺乳，牧人浮斯图卢斯途经河畔，发现了这两个婴儿并将他们收养，两个孩子长大成人后，杀死了阿穆勒，并在母狼乳哺他们的台伯河岸上创建了一座城市，以洛摩罗斯的名字命名，是为罗马。因着这段故事，“母狼哺婴”的形象成为罗马国家的象征。罗马史学家瓦罗最先推定罗马城的建立是在公元前 754 或 753 年，以后罗马人即以此纪年。“罗马版图内最古老的城市是罗马，它是洛摩罗斯王所建。”①

公元 1 世纪以前的罗马史，是一部军事征服和政治统一的三部曲：第一步是罗马城邦统一拉丁姆地区；第二步是逐渐征服整个意大利半岛；第三步是扩张到环绕地中海的广大地区。在这一历史过程中，罗马人的城邦文化先是成为拉丁文化的同义词，然后成为与希腊文化比肩而立的一种区域文化，最后在罗马帝国建立之际与希腊文化一道融入雄踞整个西方古代文化之巅的罗马帝国文化中去，成为这种世界性文化的主干和核心部分。

罗马建国以后，在相当长的一个时期内，只是台伯河畔一个小国寡民的城邦。它的北面有强大的伊拙斯康人，南面有许多其他拉丁部落，亚平宁山区居住着剽悍的萨莫奈人，而意大利半岛的南

① 瓦罗，《论农业》，商务印书馆，1982 年版，页 149。

端则是希腊人的殖民地。瓦罗说过，罗马在国王统治下的250年中征服了二十多个民族，但它的统治范围扩张并没有超过二十英里。[1] 到了公元前338年，罗马人发起“拉丁同盟”之战，以武力震慑其他拉丁各邦，宣布解散“拉丁同盟”，统一了拉丁姆地区。从那以后，各部拉丁人与罗马人融合为一个民族，包括罗马城邦文化在内的拉丁文化开始形成一个整体。

从公元前343年起，罗马人与萨莫奈人进行了近50年的恶战。萨莫奈人与伊拙斯康人、高卢人结盟，组成联军，屡次打败罗马人。然而，罗马人锲而不舍，终于在公元前295年在亚平宁山区东北部的珊提伦最后击溃了萨莫奈人与伊拙斯康人、高卢人的联军，统一了意大利半岛的中部。公元前275年，罗马人征服了意大利半岛南端的那些希腊城邦。此时，除了半岛北部的波河流域仍为高卢人盘踞以外，整个意大利半岛都已被罗马人统一。

当罗马人还在经营意大利半岛时，北非突尼斯海角上的伽太基已经发展成为一个强大的商业帝国，控有整个西部地中海。罗马统一意大利半岛后，两国关系急剧恶化。从公元前264年起，罗马先后和伽太基进行了三次猛烈的、事关生死存亡的大搏斗。罗马人称腓尼基人为“布匿人”(Poleni)，而伽太基人是腓尼基人的后裔，所以这场历时一个多世纪的战争被史家称为“布匿战争”(The Punic Wars)。公元前146年止，罗马人攻陷伽太基。整个城市被付之一炬，火光冲天，十余日不熄。罗马人还用犁把这片废

---

① 参阅 Augustine，*The City of God*(《上帝之城》)，3.13；P. Schaff 译，*A Select Library of the Nicene and Post-Nicene Fathers of the Christian Church*，Michigan，1994，1st Series，vol. II。

墟耕过，以示铲除了大患。伽太基不仅在历史上消灭了，而且也在地理上消失了。

正当罗马与伽太基在地中海西部进行生死存亡大搏斗的时候，地中海东部地区的三个希腊化国家，安提柯王朝统治下的马其顿王国、塞琉古王朝统治下的叙利亚、托勒密王朝统治下的埃及，也在纵横捭阖，谋求扩张，攻城略地，互相征战不已。此外，在小亚细亚北部和西北部还并立着帕加马、比提尼亚、本都和加拉太这些小王国。从公元前215年至前146年这70年间，罗马先后四次用兵于马其顿，最终征服了马其顿王国。公元前146年，也就是罗马最后灭亡伽太基的那一年，罗马元老院下令焚掠科林斯，把它的艺术品和财宝悉数劫往罗马。花团锦簇的科林斯城落了个与伽太基同样的下场。

再往后，叙利亚、小亚细亚、埃及的那些希腊化王国被逐一征服。原先强权林立的意大利半岛、西西里岛、撒丁尼亚岛、科西加岛、西班牙半岛、马其顿、希腊半岛、小亚细亚、埃及和非洲北岸抟聚为一个庞大的帝国，整个地中海成为帝国的内湖。“罗马帝国的疆域从日落处和西面海洋到高加索山和幼发拉底河，通过埃及上达埃塞俄比亚和通过阿拉伯远达东面海洋，所以它的疆界东至太阳神上升的海洋，西至太阳神降落的海洋；同时他们统治了整个地中海和所有海中的岛屿以及海洋中的不列颠。”①

若以公元前338年的拉丁同盟之战为起点，短短不过200年，罗马从一个小国寡民的城邦发展为一个地跨欧非亚的庞大帝国，

① 阿庇安，《罗马史》，商务印书馆，藏984，页15。

这一成就使罗马人感到无比自豪,也给历史学家留下了一个永久性的问题:在强国如林的地中海世界,罗马人能够取得最终胜利的根本原因在哪里?甚至早在罗马人尚未统一地中海世界之前,希腊历史学家波里比乌(Polybius,公元前204—前122年)已经提出了这个问题。他说:“罗马以一个小小的城邦,几乎征服了整个的文明地区,将之置于自己的统治之下。而这种征服事业,是在不到53年的时间内完成的。罗马何以能够如此?它是用一种什么方法制胜的?这些功业是在一种什么样的政体之下完成的?对于这样的事迹,一个人焉能无动于衷,嘿然无述!”[①]

对此,罗马历史学家阿庇安的回答是:“由于谨慎幸运,罗马人的帝国达到伟大而持久的地位;当取得这个地位的时候,在勇敢、忍耐和艰苦奋斗方面,他们超过了所有其他民族。在他们牢稳地巩固他们的势力之前,他们绝对不因为胜利而骄傲……他们也绝对不因为不幸而沮丧。饥馑、时常发生的瘟疫、人民暴动,甚至所有这些事情同时发生,都不能挫折他们的热忱;直到经过700年胜负不能预测的斗争和危险,最后他们才达成现在的伟大,取得现在的繁荣,作为老谋深算的报酬。”[②]也就是说,罗马人取胜的根本原因是罗马人坚忍不拔的民族精神。17世纪的意大利史学家维柯(1668—1744)说:“每个民族在时间上都要经历过这种理想的永恒历史,从兴起、发展、成熟以至衰败和灭亡。”[③]“罗马人之所以成为世界的英雄,理由也正在此,因为罗马征服了拉丁地区的其他城

① Polybius, *The History*(《通史》), 1.1, *Loeb Classical Library*, 1972.

② 阿庇安,《罗马史》,商务印书馆,藏984,页16。

③ 维柯,《新科学》,人民文学出版社,1986年版,页110。

市，接着又征服了意大利，最后征服了全世界，因为在罗马人中间，英雄体制还很年轻，而在拉丁地区其他各民族中，英雄体制已在开始没落，对他们的征服就造成了罗马的强大。”[①]也就是说，他认为罗马人的胜利原因在于其体制的年轻，他们的胜利只是一种后来者居上。18世纪英国最杰出的历史学家吉本说：“罗马疆域的扩张在共和国政府的统治时期，便已基本完成；那时主要依赖元老院的政策、执政官员的积极的好胜心和人民的勇武精神，罗马取得了大片土地，后来的罗马皇帝绝大部分都只不过是坐享其成而已。”[②]中国学者的解释一般是：“罗马公民都有一种公民意识，有一种作为国家主人翁的责任心和自豪感，忠勇爱国，人人争先为国效力，这就汇成一股强大的力量，虽屡经挫折，终能克敌制胜。罗马之所以能够由一个小小的城邦统一意大利半岛，进而征服整个地中海世界并将之抟聚为一个庞大帝国，其根本原因即在于此！”[③]其他类似的解答不一一赘述。

上述解释不约而同地把罗马人胜利的主要原因归结为罗马人优越的政治体制或者爱国忠勇的民族精神。然而历史告诉我们，罗马人的政治体制经历过一个长期的演变过程，人们也并不认为罗马的政治体制是地中海世界最优越的；同样，罗马人的民族精神也不是生来就有的，而是在漫长的艰难岁月中逐渐磨炼而成的。相比而言，希腊人的城邦体制比罗马人更发达，希腊人也不缺乏爱国主义的精神。然而，为什么罗马人能够成为地中海世界的霸主，

① 维柯，《新科学》，人民文学出版社，1986年版，页92。

② 吉本，《罗马帝国衰亡史》，上册，商务印书馆，1997年版，页19。

③ 郭圣铭，《世界文明史纲要》，上海译文出版社，1989年版，页272。

而希腊人却不能?对现有观点的反思迫使我们寻找新的解释途径。在这个问题上,现代文化理论可能比上述观点更能全面地解释了罗马人胜利的原因。

细察拉丁文化的发展历程,并与希腊文化相比较,二者好比同根的并蒂莲花,开放有迟早,但同样争奇斗艳;拉丁文化的发展又似乎总是比希腊文化慢两拍,而它所获得的成就也比希腊文化更加稳固,更加持久,颇有"螳螂捕蝉,黄雀在后"的意味。比较一下两种文化的发展历程,人们很容易看出,在很长的一个时期内,希腊文化,无论是其物质层面还是精神层面,抑或是制度层面,都处在一种拉丁文化可望而不可即的优越地位上。此时,两种文化之间的交流主要是高势能的希腊文化向文化落后区域的传播和扩展。早在罗马建城以前的两三个世纪内,伊拙斯康人从小亚细亚沿海移居意大利,把希腊文明的丰硕成果输入到新国土上来。从公元前 8 世纪开始,意大利南部也出现了希腊移民,经过北邻康帕尼亚的媒介,他们把希腊人灿烂的文明成就传送到罗马。公元前 776 年,希腊人已经举行了第一次有记载的奥林匹克竞技会,而罗马城迟至公元前 753 年才建立。然而,随着岁月的流逝,拉丁文化经过几个世纪的发展以后,已经具备了与希腊文化平起平坐的资格。此时的罗马人对希腊文化区域的征服,其情景已不完全是一个野蛮民族对文化先进地区的征服,而是一个已经具备相当文明程度的民族对已经开始衰落下去的希腊文化的兼并。在古代地中海区域这个世界性的大舞台上,历史并非只偏爱希腊人这一个民族,而是将融合地中海世界各民族文化的使命交给了拉丁人。古罗马共和国的强盛及其向帝国的转化为这种民族文化的融合提供

了统一的政治架构。以后,在罗马帝国中,以希腊文化和拉丁文化为主干的多民族文化达成了文化融合。所以我们可以说,卓越的汲取、融合外来文化的能力,是拉丁民族最终成为地中海世界霸主的根本原因。

希腊文化与拉丁文化二者是什么关系?对这个问题学者们的看法有分歧。有学者认为:“西方地中海世界的古典文化向来以希腊罗马文化并称。但究其实,罗马文化只能说是在希腊文化抚育下成长起来的派生文化,把二者列在同等(尽管时间有先后)的地位是勉强的。”[①]罗素则说:“布匿战争之后,年青的罗马人对希腊人怀着一种赞慕的心情。他们学习希腊语,他们模仿希腊的建筑,他们雇佣希腊的雕刻家。罗马有许多神也被等同为希腊的神。罗马人起源于特罗伊的说法就被创造了出来,以便与荷马的传说联系在一起。拉丁诗人采用了希腊的韵律,拉丁的哲学家接受了希腊的理论。终于,罗马在文化上就成了希腊的寄生虫。罗马人没有创造过任何的艺术形式,没有形成过任何有创见的哲学体系,也没有做出过任何科学的发明。他们修筑过很好的道路,有过系统的法典以及有效率的军队。但此外的一切,他们都唯希腊马首是瞻。”[②]这一类看法着眼于狭义文化(文化艺术),强调拉丁文化学习、模仿希腊文化的一面。这一类论断,就拉丁文化发展的城邦阶段来说,尤其是对该时期拉丁民族的文化艺术发展来说,有一定的道理,罗马人向希腊人学习是确凿无疑的事实。但若将广义的拉

① 撒路斯提乌斯,“中译者序言”,《喀提林阴谋 朱古达战争》,商务印书馆,1996年版,页70。

② 罗素,《西方哲学史》,上册,商务印书馆,1981年版,页351。

丁文化，即罗马人的物质文化、精神文化、制度文化，全然看作希腊文化的派生物，甚至将此后的罗马帝国文化也看作希腊文化的派生物，或视为希腊文化的扩展，是不妥的。实际上，拉丁民族在许多方面有原创性，拉丁文化不能完全归结为对希腊文化的模仿，不仅罗马共和国时期的拉丁文化和罗马帝国时期的文化不能简单地视为希腊文化的延伸或扩展，而且早期罗马城邦文化的发展也不能视作对希腊古典城邦文化的简单模仿，诚然，一定阶段、一定程度的模仿在文化交流中是不可避免的。

罗马城邦文化的早期发展与希腊城邦文化有很多相似之处，但拉丁文化是在自身所处的具体的地理、历史环境中形成的，因此两个民族的精神气质有共同点，也有差异处。希腊人是海上的民族，罗马人更多是山区的居民。罗马号称七丘之城，离海虽然不远，但受海的影响较小。希腊人重思辨，重理想，长于理论；罗马人重实践，讲求实际，吃苦耐劳，勇于作战；希腊人长于艺术，罗马人长于治术。在希腊文化的发达程度远远高于拉丁文化时，前者无疑是后者的一个榜样。最早的传说认为罗马城邦在公元前 454 年派过一个考察团到雅典去研究梭伦所制定的新法，然后把希腊人的法典带回罗马。这种说法虽然没有确凿的史料记载，但与罗马人在当时尚能虚心向雅典学习的态度是吻合的。然而，到了罗马人征服了希腊世界，特别是古罗马共和国临近向帝制转化之时，罗马人不仅在物质文化和制度文化方面远远超过了希腊人，而且也在精神文化方面为全面赶超希腊文化而奋斗。分析一下该时期希腊人和罗马人各自的文化心态很可以说明问题。

公元前 4 世纪末马其顿的统治崩溃之后，希腊城邦及其古典文化就已走到了尽头。希腊人经受了一场苦难，他们自己的国家最终于公元前146年为罗马所灭。此时，“希腊人对罗马人的自然态度，是一种夹杂着恐惧的鄙视；希腊人认为自己是更文明的，但是在政治上却较为软弱。”①希腊人鄙视罗马人，但却又无可奈何；相反，罗马人总的来说对希腊文化的卓越地位是承认的，也能够细心地汲取其精华为己所用。“当罗马人最初与希腊人相接触的时候，他们就察觉到自己是比较野蛮的、粗鲁的。希腊人在许多方面要无比地优越于他们：在手工艺方面，在农业技术方面；在一个优秀的官吏所必须具备的各种知识方面；在谈话方面以及享受生活的艺术方面；在艺术、文学和哲学的各方面。”②当然也有例外，比如雄才大略的马略不仅承认自己是个“粗人”，而且引以为荣，还嘲笑他的同胞去向自己的奴隶学习希腊文学。然而，一旦在军事上征服了希腊人，他们的心态发生了很微妙的变化，在具体行动中也采取了两种看起来似乎矛盾的做法：一方面，他们对希腊的那些发达的城邦文明深恶痛绝，公元前146年，罗马元老院下令毁灭科林斯，把它的艺术品和财宝悉数劫往罗马，把花团锦簇的城市烧成一片焦土，把希腊人看成自己属下之民（这是事实），还多次下令驱逐到罗马来谋生的大批所谓“下九流”的希腊人；另一方面，罗马人对希腊文化的繁荣羡慕至极，想要在文化上全面超过希腊，统治者把希腊大师请进来或不惜渡海远道去求教，希腊战俘、人质中的文化人成为罗马统治者的顾问和老师，在罗马主持讲坛，罗马贵族青年

① 罗素，《西方哲学史》，上册，商务印书馆，1981年版，页348。

② 同上书，页351。

必须到希腊“留学”才算完成学业。这种似乎矛盾的态度和行为实际上反映了罗马文化对希腊文化的汲取。在民族历史方面也如此。瓦罗不相信罗马法典是从雅典输入罗马的传说。他研究了拉丁地区各种制度的起源后,认为一切罗马制度都是在拉丁区域土生土长的。他认为,希腊人出自民族虚荣心,自夸曾传播文化于全世界,“就是这种错误产生出罗马十二铜板法来自希腊的那个虚构故事。”[①]诗人维吉尔仿照荷马史诗的风格写成史诗《埃涅阿斯记》,把埃涅阿斯说成罗马人的始祖,称埃涅阿斯为特洛伊王子,说是当年在特洛伊战争中,当希腊人攻陷特洛伊时,他幸免于难,在海上漂流7年,历尽千辛万苦,从伽太基来到意大利台伯河畔,创建了罗马。这种说法把特洛伊人说成了罗马人的始祖,也把两个民族说成了世仇。历史学家李维则说,在塞维斯·图利阿时代,罗马人连著名的毕达戈拉斯的名字也没有听说过。罗马人在和他林敦进行战争以前,一直和意大利的希腊人不相识,一直到庇洛斯带希腊人跨过海才彼此相识。当时在罗马城邦和希腊城邦之间隔着许多语言和风俗各不相同的野蛮民族。不但毕达戈拉斯本人,就连他的名字也不能从克罗通到达罗马。[②] 凡此种种类似的翻案文章都表明罗马人同样也有民族虚荣心。作为征服者的罗马人怎能认为被征服者比自己高明呢?又怎能承认自己是被征服者的学生呢?这种心态下产生大量藐视希腊人及其文化的观点不足为奇。

当然,在胜利的喜悦中保持清醒头脑的知识分子也还是有的。

---

① 维柯,《新科学》,人民文学出版社,1986年版,页88。

② Livy, *The history of Rome from its foundation*(《罗马自建城以来的历史》), 1.18.2, *Loeb Classical Library*, vol.2.

例如，罗马共和国末期的诗人贺拉斯（公元前65—前8年）说："我们的诗人对于各种类型都曾尝试过，他们敢于不落希腊人的窠臼，并且在作品中歌颂本国的事迹，以本国的题材写成悲剧或喜剧，赢得了很大的荣誉。此外，我们罗马在文学方面的成就也绝不会落在我们的光辉的军威和武功之后，只要我们的每一个诗人都肯花功夫、花劳力去琢磨他的作品。"①他期待着罗马人能在精神文化的创造上也能超过希腊人，但他也明白，罗马人的尚武精神和实用传统是实现这一点的巨大障碍。"诗神把天才，把完美的表达能力，赐给了希腊人；他们别无所求，只求获得荣誉。而我们罗马人从幼就长期学习算术，学会怎样把一斤分成一百份。'阿尔比努斯的儿子，你回答：从五两里减去一两，还剩多少？你现在该会回答了。''还剩三分之一斤。''好！你将来会管理你的产业了。五两加一两，得多少？''半斤。'当这种铜锈和贪得的欲望腐蚀了人的心灵，我们怎能希望创作出来的诗歌还值得涂上杉脂，保存在光洁的柏木匣里呢？"②

总之，在拉丁文化与希腊文化的关系问题上，我们既要看到拉丁文化有学习、模仿希腊文化的一面，也要看到这是一种民族文化交流中的正常现象。承认这一点，并不一定能得出拉丁文化是希腊文化的派生物，否定拉丁文化相对独立的地位的结论。我们更应该看到，在经过了学习与模仿阶段以后，希腊文化与拉丁文化在新的政治架构之中达成了融合。

① 贺拉斯，《诗艺》，人民文学出版社，1982年版，页152。

② 同上书，页154。

哲学是希腊古典文化的集中代表，古典理性主义是希腊哲学的精髓。在上述文化变迁之中，希腊哲学进入了拉丁文化。在罗马共和国末期，罗马贵族文人已经了解了希腊哲学，并对它产生了兴趣。以西塞罗、瓦罗为主要代表的拉丁知识分子开始大力呼吁创建拉丁哲学。以后，罗马帝国的统治者想通过学哲学来提高公民的道德水准，于是出现了哲学的普及。当时的哲学教师不计其数，哲学讲堂成为城市里的常见景观。马可·奥勒留当政时期迎来了这一通过普及哲学来实施社会道德改造的高潮。上自皇帝、总督一级的高官，下至平民、奴隶，都能找到有哲学修养的人。然而就总体来说，大多数罗马人对哲学的兴趣是实用的，他们主要关心的不是为那些曾经使伟大的希腊思想家着迷的问题提供新的答案，而是加强行政管理和完善道德品性，以及怎样使那些他们接受的现存原则行之有效；他们也进行理性的思考，但只作为那些明显的实用目的的补充；他们对现存的各种希腊哲学的取舍完全取决于这个有限的目标。这种总体状况使得拉丁哲学家的思想尽管并非毫无创见，但从外观上看是希腊哲学的翻译和诠释，从思想来源上看是各种希腊哲学的混合或综合。最能反映这种拉丁精神文化特征的思想家是西塞罗。

西塞罗的生平与著作

西塞罗的全名是 Marcus Tullius Cicero，生于公元前 106 年 1 月 3 日，出生地是阿庇诺。此地现名阿尔皮诺，位于利里斯河的东岸，距离罗马东南方 60 英里。这个小镇的居民自公元前 188 年以来就获得了充分的公民权，在西塞罗的青少年时代，它是一个自治市。此地还曾诞生过罗马共和国历史上另一位显赫人物马略。

西塞罗的家庭属于那种比较富裕而且又有教养的骑士阶层。他的父亲爱好文学，与一些著名的演说家、政治家、法学家是朋友，但在政治上无所作为。他在西塞罗和昆图斯这两个儿子身上花费了不少心血。为了便于他们能接受良好的教育和担任公职，他特意在罗马的卡里奈购置一所房子。西塞罗的父亲据说死于公元前64年。西塞罗的母亲名叫赫尔维娅，但西塞罗在他的作品中很少提到她。

西塞罗勤奋好学，才智过人，在同学中有突出表现。普罗塔克记载说："他们（指西塞罗的同学们的父亲）就是为了看一看西塞罗并且了解一下他的聪明和学习能力而经常到学校来的。"[1]西塞罗的老师很多，也很杂。他们出自各门各派，而且都有一定的声望。法律、修辞和哲学是当时罗马贵族青年实现政治理想的必修课。为了能够担任公职，西塞罗长期追随著名律师斯恺沃拉学习法律。在哲学方面，他首先师从斐德罗（约公元前140—前70年）研究伊壁鸠鲁主义。此人性格温和，是当时伊壁鸠鲁学派的一位代表人物。他对西塞罗肯定产生过影响。但是，伊壁鸠鲁学派主张从公共生活的纷扰中撤离以求得心灵的安宁，这对西塞罗这样的贵族青年来说是不能接受的。西塞罗的出身虽然谈不上高贵，但是有着强烈的政治抱负。公元前88年，学园派的主要代表人物拉利撒

① Plutarch, *The Parallel Lives*, *Cicero* 2(《西塞罗传》), *Loeb Classical Library*, 1972.

人斐洛(Philo,约公元前160—前80年)由于米特拉达特战争的爆发,从雅典来到罗马避难。西塞罗不失时机地听取了他的教诲,很快接受了学园派的哲学思想。从那以后,他对伊壁鸠鲁主义就没有再表示过好感,而只有敌视。然而,西塞罗所受的哲学教育没有到此结束。斯多亚学派的杰出教师狄奥多图成为他家的常客,还在西塞罗在罗马的寓所里住了很长时间,直至公元前59年。西塞罗从狄奥多图那里学到了许多逻辑知识,也发现了斯多亚学派的许多迷人之处,但他没有抛弃学园派,而是试图在各种哲学观点中作出他自己的选择。

大约是在公元前84年,西塞罗开始从事实际的法律事务。他现存的第一篇演说词是他于公元前81年为阿美里亚的洛司基乌斯进行辩护时的辩护词。此人受到独裁官苏拉所宠信的一名被释奴隶的指控,说他犯有弑亲罪。被告孤立无援,人们恐惧苏拉的权势,谁也不敢出来为他说话,而年轻的西塞罗却成功地为他做了辩护。

公元前79年,西塞罗突然离开罗马,东渡雅典去与他的兄弟和侄女一起度长假。西塞罗自己解释说,是因为劳累过度,伤了嗓子,而普罗塔克解释说,是由于西塞罗担心来自苏拉的迫害,当然也不排除部分健康原因。公元前80年或前79年,即他赴雅典之前或稍后,他同特伦提娅结了婚。他们的女儿图利娅生于公元前76年左右。在雅典,西塞罗主要向安提俄库斯学习哲学。安提俄库斯自斐洛于公元前87年死后成为学园的首领。此人反对学园派的怀疑主义,坚持独断论,想要把学园派的学说与斯多亚学派、亚里士多德学派的学说结合起来。西塞罗在雅典期间还加入了厄琉息斯密仪，有了深刻的体验。30 年后他还在说，他在雅典期间的所有经历没有比这次入会更加奇妙的了，他从中不仅明白了快乐生活的原则，而且明白了如何带着较好的希望去死。[1] 这种密仪是当时流行的一种神秘教。这一记载对于我们理解西塞罗的宗教思想很有帮助。后来他又在女儿图利娅死的时候有了另一次生动的宗教经验。

西塞罗听到苏拉的死讯后，他的政治雄心又复活了，于是又赴罗得岛向著名的修辞学教师摩洛学习。在那里，他又与一名被流放的罗马律师、斯多亚学派年迈的鲁提留斯·鲁富斯结识，给他留下深刻印象。他还在那里继续向波塞多纽学习哲学，他后来称此人为最伟大的斯多亚学派哲学家。

公元前 77 年，西塞罗返回罗马，重操律师旧业。由于才能出众，他很快成为罗马最杰出的律师和演说家。他年轻时不仅被人们视为最优秀的罗马演说家，而且被视为最优秀的罗马诗人，但他保存至今的诗歌只有一些残篇。现代学者们认为，西塞罗虽然不是一个天才的诗人，但在罗马诗歌的发展中，他的工作为后来卡图留斯和卢克莱修做了准备。他对诗歌风格的追求和演说风格的追求一样，都是他的哲学信念的表达，任何事物都必须以最清楚和最吸引人的方式表达，以便最可能的真理可以在最后显现。与他同时代的罗马诗人哲学家卢克莱修于公元前 51 年自杀。尽管西塞罗并不赞同卢克莱修的长诗《论自然》所叙述的伊壁鸠鲁主义，但他仍旧准备出版这部长诗。

① 见西塞罗，《论法律》，中国政法大学出版社，1997 年版，页 234。

西塞罗的政治生涯从他竞选公职开始。罗马政府有四种高级公职:财务官(quaestor)、市政官(aedile,或译营造官)、执法官(praetor)、执政官(consul)。在西塞罗之前,他的家族成员无人担任过这些职务。因此,当西塞罗进入政界时,他是一个“新人”(novus homo)。这种情况使得他的仕途比那些显贵要艰辛。当时参加竞选财务官的年龄要求是30岁。西塞罗于公元前76年当选这个职务。当选财务官的具体工作由抽签决定。西塞罗受命前往西西里负责监管向罗马运送谷物的事务。1年任满后,他返回罗马重新当律师。公元前70年,他谋求市政官之职,以高票当选,担任此职直至公元前69年。这个职位设于共和初年,负责监督城市建筑、公共场所的安全以及一般的城市秩序,管理市场,维护公共卫生,组织公共娱乐竞赛活动等。这是个花费很大的官职,担任这个职务的人要自己出资做这些事。恺撒曾因担任这一官职把整个家当花光。[①] 西塞罗自称在这一任上没有花多少钱。他经济不富裕,因此他只能用诚实的工作来获得好名声。普罗塔克说他得到了那些感恩的西西里人的帮助。他的政绩使他有可能获得更高的职位。公元前66年,西塞罗当上了执法官。这个位置的主要工作是法律事务,但拥有此职位者也可能被派往外地担任行省总督。西塞罗没有去外地,仍旧在罗马处理法律事务。这对他来说,当然是得心应手的。执政官是罗马共和国的最高公职,任期1年,每年选举两位。西塞罗于公元前63年当选为执政官,时年42岁,为担任此职的最低年龄。由于西塞罗出身并不高贵,也没有在当市政

① 参阅苏维托尼乌斯,《罗马十二帝王传》,商务印书馆,1996年版,页5。

官期间花大量的钱财去讨好民众，更没有去外省当总督的经历，这样一位政治上的“新人”要谋求最高公职是相当困难的，但西塞罗还是获得了成功。公元前62年，他在主持当年的执政官选举期间成功地处理了所谓“喀提林阴谋”事件，受到元老院和罗马市民的热情赞扬，被誉为“祖国之父”。西塞罗那些抨击喀提林的演说词后来一直传诵下来。公元前53年，西塞罗担任了占卜官（Augur），这个职务的职责是解释神意和征兆。尽管私下里他可能怀疑这些东西的价值，但他还是履行了公务。公元前51年，他服从了元老院的指令，去西里西亚当了一年地方总督（Proconsul）。

公元前46年末，西塞罗完全脱离了政治事务。当时罗马政局发生剧烈动荡，恺撒已经掌握国家最高权力，成为实际上的独裁者，共和派人物则在酝酿推翻恺撒的独裁统治。西塞罗没有参与推翻恺撒的实际活动，而是埋头写起书来。他从现实政治活动转向哲学著述的原因是多方面的。此时他个人生活上遇到的不幸与他对政局的失望交织在一起。他与妻子特伦提娅发生激烈争吵，最后以离婚告终；第二次婚姻也是一个失败；他的爱女图利娅也死去了。为了医治心灵的创伤，西塞罗沉浸在哲学研究中，短期内写出了一大批哲学文章。

公元前44年3月，独裁者恺撒被以布鲁图为首的共和派人士谋杀。西塞罗没有立即返回政坛，而是继续写他的书。恺撒被刺以后，他的部将安东尼成为实力最强的军事领袖。他俨然自命为恺撒的继承人，要为恺撒复仇。布鲁图等共和派领袖都逃亡到东部一些行省去组织武装，准备一场决死的斗争，而西塞罗却于同年9月返回罗马，希望能在元老院和屋大维的支持下挽救罗马共和制度。他仿效公元前4世纪希腊大演说家德谟斯提尼斥责马其顿国王腓力的口吻，一连发表了14篇痛斥安东尼的演说。这些演说词后来汇为一编，也标题为《斥腓力》（*Philippics*），实为罗马贵族共和制的绝响。不幸的是，屋大维同样也想继承恺撒的事业，实现恺撒的未竟之志。他于该年11月抛开元老院，与安东尼、雷必达结盟。一大批共和派人士以及被三巨头所猜忌的人被列入"公敌名单"，其中第一名就是被安东尼目为死敌的西塞罗。年底，西塞罗被捕杀。据说，在被捕时，他还在读欧里庇得斯的剧本《美狄亚》（*Medea*）。

西塞罗撰写过大量著作。他撰写的刑事诉讼演说和政治演说有一百多篇，保存至今的有58篇。他的书信也有许多保存下来，"娄卜丛书"（*Loeb Classical Library*）编汇的西塞罗著作集的卷二十二至卷二十八均为书信。这些演说词和书信在罗马帝国初被人们编成各种集子，当作范文诵读。按古典学术分类，西塞罗在文学方面的成就仍在修辞这一方面，而使罗马人高兴的是，在这个领域中他们终于有了一位可以和希腊老师相比甚至超过他们的巨匠。因此，在西塞罗之后100多年，罗马修辞学家昆体良说："总而言之，在散文文学的各种体裁中，正是我们的公共演说家取得了可和希腊人相比的成就，我可断言西塞罗绝不低于他们中的任何人。我完全知道这种说法可能引起那些崇拜希腊的人的非议，但我仍然认为德谟斯提尼和西塞罗相比，在许多方面可以说旗鼓相当，尽管他俩的文风迥然不同。至于说到机智诙谐和引人同情，这两个演说修辞以情动人的最有力的武器，那么我们的大师显然更具优势。当然，希腊人也有一个我们无法与之相比的条件：他们走在前面，我们拜之为师，因此，正是他们引导了西塞罗达到可和他们比肩的境界。西塞罗正是这样一位全心全意仿效希腊成果的人。在我看来，他成功地聚集了希腊前辈大师的优点，在他身上同时具有德谟斯提尼的力量、柏拉图的丰富和伊索克拉底的完美。但他不是仅仅靠细心学习达到这一点，他的绝大部分甚至全部优点，都出自他本人，出自他涌泉般无穷无尽的超人的天才。因此，表面上是他承受惠赐的东西，实际上却是他凭本人力量取得的。在法庭上，法官们实际上是为西塞罗的言语所左右，但他们却心悦诚服，自以为是根据自己的意愿而作决定，毫不觉察他们其实是受他指使。”①

除了演说词和书信外，西塞罗的著作可以按内容粗略地划分为以下几组：

修辞学著作：《论修辞学家》(*De Oratore*)，写于公元前 55 年。

政治法律著作：《论共和国》(*De Re Publica*)，写于公元前 51 年；《论法律》(*De Legibus*)，写于公元前 52 年。

逻辑学著作：《论题篇》(*Topica*)，写于公元前 44 年。

神学著作：《论神性》(*De Natura Deorum*)；《论占卜》(*De Divinatione*)；《论命运》(*De Fato*)，均写于公元前 45 至前 44 年。

伦理学著作：《论至善与至恶》(*De Finibus Bonorum et Malorum*)、《图斯库兰讨论集》(*Tusculanae Disputationes*)，均写于公元前 45 年。

① 昆提良，《修辞学教程》，10.1.105—110；转引自朱龙华，《罗马文化与古典传统》，浙江人民出版社，1993 年版，页 136。

哲学著作:《学园派哲学》(*Academica*),《斯多亚学派的怪论》(*Paradoxa Stoicorum*),《论老年》(*De Senectute*),《论友谊》(*De Amicitia*),《霍腾修斯》(*Hortensius*),均写于公元前 45 至前 44 年。

此外,西塞罗还翻译过柏拉图的两部对话《普罗泰戈拉篇》和《蒂迈欧篇》,前者已佚失。

西塞罗著作的最重要版本有“娄卜丛书”,拉英对照本,收入西塞罗全部现存著作,共二十八卷。其中,《论神性》的英译者是莱克汉姆(H. Rackham),1930 年第一次出版。中译本的翻译采用“企鹅丛书”(Penguin Books)本,英译者是迈克格利格(Horace C. P. McGregor)。这个译本语言比较流畅,适合用现代汉语来翻译。遇有难处,则参照“娄卜丛书”本诠译。

西塞罗的理论著作大部分采用对话的形式。开头往往有一段导言,阐明其基本立场。对话的主角是杰出的罗马人,有时就是西塞罗本人。听众往往是刚刚步入社会政治生涯的青年。在这样一种虚构的场景中,各种对立的观点在对话中充分展开,间或有插入或中断之处。不同观点的碰撞导致批评和谴责,但没有人身攻击。这种虚构的对话场景也有可能是实际发生过的对话的记录或事后回忆。例如,《图斯库兰讨论集》这部对话[①]中几乎没有戏剧性的冲突的痕迹。西塞罗也有些著作采用散文的形式,例如,写给他儿子的《论义务》和写给一位年轻律师的《论题篇》。

① 图斯库兰是罗马东南郊西塞罗别墅的所在地。

呼吁创建拉丁化哲学

按照传统的说法，雅典人于公元前155年派了一个著名的哲学家代表团访问罗马，成员有斯多亚学派的第欧根尼、学园派的卡尔涅亚得、逍遥学派的克里托劳斯。这是哲学第一次被引进罗马。然而，这些希腊哲学家的到来并没有立即引起罗马公众学哲学的热情。当时的监察官加图害怕哲学会影响罗马人的法纪，因此竭力将他们逐出罗马。到了加图晚年读到希腊文著作时，他明白自己当年犯了错误。

关于这件事，西塞罗的著作是这样讲的："在莱利乌斯和斯基庇俄之前，我看不到有什么（拉丁）人可以被称为哲学家。在他们还年轻的时候，斯多亚学派的第欧根尼和学园派的卡尔涅亚得被雅典人当作大使派到元老院来，由于这些人以前从来不曾参与公共生活，他们中有一人是居勒尼人，其他的来自巴比伦，他们肯定不曾离开过他们的教室或被选择担任这样的工作，除非当时某些罗马领导人已经熟悉哲学研究……但是拉丁人的记忆中几乎没有或很少有关于从苏格拉底开始的、真正的确定的哲学的情况……原因是这个民族完全被实际事务所吸引，或者是这样的研究不可能从无知的读者那里得到什么评价。阿玛菲纽的声音填补了这条沉默的深沟。他发表了他的著作，激起了人们的兴趣。他对公众进行教学，人们赶来听讲，因为他的哲学是容易掌握的，也可能会带来吸引人的乐趣，或者是除此之外就没有更好的教学了，……阿玛菲纽之后，有许多人对他模仿，有了许多相同的体系。通过他们的著作,整个意大利掀起了学习热潮,但是他们的学说那么容易掌握表明他们的主要论证是不准确的,大部分适合无学识的人的口味,他们以为这样做可以获得支持。”①

这段话表明了西塞罗的几点看法:第一,莱利乌斯和斯基庇俄是最早可以被称作拉丁哲学家的人;第二,第一批希腊哲学家作为大使来到罗马,表明当时罗马统治者对希腊哲学有所了解,这可能是他们同意这些哲学家被选入使团的原因;第三,阿玛菲纽对创建拉丁哲学起了重要作用,他发表著作、创立体系、设馆教学,通过一批人的努力,意大利掀起了学哲学的热潮,从那以后,罗马人有了自己的哲学教师,也有了拉丁化的哲学;第四,这些拉丁哲学的初创者的工作有通俗化和庸俗化的现象。

在另一处,西塞罗针对当时一些伊壁鸠鲁主义者把伊壁鸠鲁哲学拉丁化的工作提出批评。他认为这些人写的著作仅仅在自己的小圈子中流传,甚至不能使中等水平的读者弄懂他们的想法,因为这些拉丁作家只读他们认可的内容。“我们认为,一切写下来的东西都应当获得有教养的读者的认可,即使我们自己不能成功地做到这一点,我们也不认为应当放弃这方面的努力。”②

应当说,创建拉丁哲学主要是一种罗马民族的精神需要。当罗马人已经在地中海世界确立了自己的政治地位时,在文化上全面赶超希腊人成为罗马知识分子的理想。西塞罗说:“在道德、生活规范、家庭、家政等方面,我们肯定保持得比较好,具有一种比较

① Cicero, *Tusculan Disputations*(《图斯库兰讨论集》), 4.5—7, *Loeb Classical Library*, vol. xiii.

② 同上书, 2.8。

尊严的方式;我们的祖先无疑也比其他民族在指导政府的政策方面采用了比较好的法令和法律。在战争的技艺方面我该怎么说呢?在这个方面我们的同胞已经证明了他们的勇猛善战、纪律严明。除了典籍的学习以外,在天赋方面,希腊人和其他民族也无法与我们相比。什么地方有这样热情、坚定、伟大、诚实、忠诚的品格,又有哪个民族可以找到能与我们的祖先相比的各方面杰出的品性呢?在学识和文学的各个部门,希腊人超过我们,在没有竞争的地方,获得胜利是轻而易举的。"①

创建拉丁哲学也有实用的目的。随着罗马人军事上的胜利,罗马人成为统治者,奢侈淫秽之风开始增长,传统宗教信仰衰落。明智的统治者会感到有必要遏制道德衰退之风。此时不同的哲学派别相继传入罗马,并经过拉丁知识分子的中介在贵族家庭中传播开来。罗马贵族开始感到学一点儿哲学不是坏事,尽管他们不会放弃法律、政治、行政事务,终身从事哲学研究。这样,哲学逐渐成为教育的一个组成部分。历史学家塔西佗的态度很典型,他说自己年轻时花了太多的时间学习哲学,现在看来"早已超过当一个罗马人和议员的需要了"。②

西塞罗也一样,青年时期就开始学哲学,但并不想终身研究哲学。他的壮年时期都用于实现政治抱负。到了晚年,他开始意识到自己肩负着创建系统的拉丁哲学的重任,而他确实又具备完成

① Cicero, *Tusculan Disputations*(《图斯库兰讨论集》),1.2—3, *Loeb Classical Library*, vol. xiii.

② Tacitus, *Agricola and Germania*(《阿古利可拉传》),4, *Loeb Classical Library*, 1972.

这个重任的条件。年轻时所受的哲学教育和后来不间断的学习，使西塞罗有能力对希腊哲学作出综合的评价，并为创建一种高水平的拉丁哲学而努力。他的晚期哲学著作，尤其是《图斯库兰讨论集》，充斥着这种创建拉丁哲学的呼吁，实际上可以看作是拉丁哲学创建的宣言书。他说：

> 我的观点是这样的：所有技艺的体系和指导方法都受制于智慧的学习，而学习智慧以哲学的名义进行着，通过用拉丁文撰写哲学以推进这种研究是我义不容辞的责任；这样做不是因为向希腊作家和教师学习哲学是不可能的，而是因为我坚信，我们的同胞在每一个方面，独立发现和改进从希腊人那里接受的东西，都比希腊人显得更有智慧，至少他们都认为在这些方面值得努力。[①]
>
> 哲学现在受到冷遇，因为拉丁文学没有给它带来光明。我们必须照亮它，给它活力。如果说我在过去繁忙的时候也在为我的同胞们服务，那么我在闲暇之时也同样能为他们服务。我必须竭尽全力，因为现在已经有一些拉丁文的书写了出来，但很粗糙，这些作家的资质还不够当此重任。一位作家可能具有正确的观点，但他不一定能够用精练的风格表达。但是，承认有思想但不能清楚地叙述和表达，或不能用文采吸引读者，这就表明作者犯了不可原谅的错误，说明他误用了他的闲暇和笔。结果就是，这些作家写出来的书只供他们自己

① Cicero, *Tusculan Disputations*, 1.1—2.

> 阅读，只在他们自己的小圈子里读，而不能使公众了解它，而这本来是这些作品应该做到的。由于这个原因，我将以巨大的热情去研究哲学，我以往的努力也是使我的作品产生的源泉，在过去，由于我的勤奋，我已经为我的同胞赢得了演讲方面的名声。[①]

西塞罗充分意识到发展拉丁哲学的重要性和紧迫性。他说："我想，为了民族的利益，我必须唤起我们的人民对哲学的兴趣。在我看来，对我们民族的尊严和名声来说，这是一件极为重要的事情。这样重要而又有价值的主题在拉丁文献中应当有它的地位。""当我看到有许多人受到我的激励，不仅读这些东西，而且写这些东西时，我对我的尝试就不会感到后悔。以前有许多人熟悉希腊文化，但不能与他们的同胞交流他们所学到的东西，因为他们感到还不能用拉丁文表达他们读希腊文著作时学到的东西。而现在，我们在这个方面已经取得了这样的进步，至少我们拥有了与希腊语相当的词汇。"[②]可见西塞罗主张哲学通俗化，但是反对哲学庸俗化。他说："真正的哲学是满足于少数评判者的，它有意地避免群众。因为对于群众，哲学是可厌的，可疑的。所以假如任何人想要攻击哲学，他是很能够得到群众赞许的。"[③]

西塞罗希望人们全面地掌握各种哲学。"要掌握一点儿哲学知识而不是掌握大量的或所有哲学是困难的，因为没有许多哲学

---

① Cicero, *Tusculan Disputations*, 1.6.

② 见本书卷一，章 III。

③ Cicero, *Tusculan Disputations*, 1.2.

知识就不能从中选择一点儿，也不能以同样的热诚去掌握其余的哲学知识。”[①]他明白将希腊哲学转换成拉丁哲学的形式是创建拉丁哲学的基础性工作。因此在学习掌握各种希腊哲学的基础上，要努力写作。“我不仅是读其他人的著作，而且还试图解释哲学的所有问题，这是最好的方式。如果我们尝试着撰写所有产生的问题，我们就能最好地理解哲学的每一个部门和分支。”[②]

西塞罗憧憬着有一天，拉丁哲学可以取代希腊哲学。“一旦这些研究向我们转移，我们将不再需要希腊图书馆，大批作家的写作使这些图书馆拥有无数的书籍；许多人说过希腊人想用书本塞满这个世界，我们这里如果也有大量的作家进行这些研究，那么也会有这样的结果的。如果我们能够的话，让我们激励那些受过自由教育和拥有准确论证能力的人去有序地、讲究方法地研究哲学问题。”[③]

西塞罗主张讨论和批评哲学，但是反对辱骂哲学。“如果有人想要辱骂所有哲学，他可以获得公众的支持，如果他想攻击我们支持的学派，他可以从其他学派中得到巨大的帮助。……然而，我们已经对这些辱骂哲学的人做了总体的答复，……我们不但不反对批判，而且还热烈地欢迎批评。即使在希腊哲学最繁荣的日子里，如果没有反对者和不同意见，哲学就不能保持活力，希腊哲学也不会取得如此崇高的荣誉。”[④]“面对这个邪恶的时代，让哲学在拉丁

---

① Cicero, *Tusculan Disputations*, 2.1.

② 见本书卷一，章 IV。

③ Cicero, *Tusculan Disputations*, 2.6.

④ Cicero, *Tusculan Disputations*, 同前, 2.4.

典籍中诞生，让我们支持它，让我们准备陷入矛盾和接受驳斥。有些人确实不够耐心，他们受制于某些有限的不变的观点，不得不支持与这些东西一致的观点，而这些观点他们通常并不赞同；然而，我们有可能性作指导，可以在真理显现自身的相似真理之处进一步前进，我们参加辩驳而不固执己见，受到驳斥时也不愤怒。”①西塞罗所处的时代，各种希腊哲学流派在传播的过程中发生过激烈的争论。西塞罗提到，公元前69年，有一位驻雅典的罗马总督名叫革利乌斯·波利科拉，他“把当时的哲学家们召集到一起，殷切地希望他们尽力平息他们之间的争论”。② 这件事典型地表现了当时的气氛。而西塞罗反对的是意气用事的争论，而不是正常的观点、思想之争。

西塞罗在创建科学的（亦即知识化的）拉丁哲学的努力中，以希腊哲学借鉴，一有恰当的时机，就引用和转述希腊哲学各个流派的观点，总结希腊哲学发展之得失，从中汲取建构拉丁哲学的养料。他追溯哲学与哲学家这两个概念的历史含义，③并从社会生活中寻找哲学产生和发展的根源。他说：“我认为，苏格拉底以前好几个世纪，一切现有哲学的源头都与生活和行为有关。”④这样的工作使西塞罗的著作成为我们研究希腊哲学的资料来源，也使西塞罗的哲学著作带上了浓厚的混杂的色彩。然而仔细体会一下西塞罗的文化环境，这种综合正是拉丁哲学诞生的一个必经阶段。

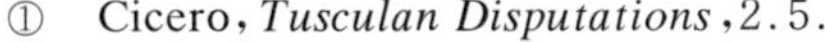

① Cicero, *Tusculan Disputations*, 2.5.

② 西塞罗，《论法律》，页206。

③ Cicero, *Tusculan Disputations*, 5.7—11.

④ 同上书，3.8。

公元前1世纪，希腊文化和罗马文化之间关系紧张，争论颇繁，两种文化在许多方面有着显著的差异，有无本民族的哲学成为罗马人能否在精神文化领域与希腊文化抗衡的关键。作为一名拉丁文化的代表，西塞罗以批判地汲取的态度，为全面创建拉丁文化作出了重要的贡献。《论共和国》中的对话人斯基庇俄说："请你们把我作为一个既不是对希腊人的学说一无所知的人，也不是把他们的学说视为优于我们的学说的人，而是一个由于父亲的用心而受过广泛教育，从小便充满强烈的求知欲望，不过主要是通过自己的实践和家庭教训，而不是依靠书本获得知识的罗马人。"[①]这是西塞罗在夫子自道，讲出了他本人对待希腊文化的基本态度。他学习希腊人的学说，但在精神上并没有成为一名讲拉丁语的希腊人，而是把各种希腊学说加以改造、化为已有，在此基础上创建具有一定独立地位的拉丁哲学。

思想的表达离不开语言。拉丁哲学用语的创造是西塞罗的功劳。"在他的哲学中，他依靠的是希腊化时期晚期哲学流派的发展，怀疑主义已经在其中把各种学派的不同观点放在了同等地位上。人们越来越认为，真正的幸福只能在撤离现实中寻找。系统的科学知识以及教条化的知识受到质疑，仅仅依赖于可能性的启示被视为道德行为的满意的基础。由此引起的折中包含着这样一个意思，个人没有义务一定要接受一种完整的哲学体系并发誓对它效忠。倒不如说，按照自己的判断和有用的经验接受或拒斥一个哲学派别的任何具体观点是可以的。西塞罗翻译成拉丁文的希

① 西塞罗，《论共和国》，中国政法大学出版社，1997年版，页37。

腊主义的哲学世界就是这样一种东西，因此，他创造的不是一个罗马哲学体系，而是一种精确的、具有权威性的拉丁哲学语言。”①

哲学，作为人类认识最高抽象层次、最普遍思维方式的理论学科，不能不包括一定哲学观（或称元哲学）的内容，即哲学是什么，它同人类、社会和个人的生存发展有怎样的联系，价值何在，哲学自身存在和发展的基础、条件、方式和规律如何等等。它是关于哲学学科本身的基础、性质、特征、功能及其与人类历史实践相互关系的理解和说明。基于对这些问题的理解和回答，才有了人们对待哲学的各种自觉或不自觉的态度、方式，而能够给予这些问题以一定理解和回答，并指导人们的态度和选择方式的学说，归根结底又只能是哲学。

哲学观或元哲学的问题并非现代哲学家才加以思考的问题，而是作为一门理论学科的哲学产生以来，所有哲学家或多或少都会涉及的问题。最起码，他们得回答什么是哲学、哲学有什么用的问题，藉此肯定自己的哲学的价值。西塞罗终身热爱哲学、研究哲学，在晚期哲学著作中，他发表了许多对一般哲学的看法，提出了一种古代实用主义的哲学观。我们用实用主义作为西塞罗哲学观的定义词，因为与现代西方哲学家相比，西塞罗的哲学观与詹姆斯的实用主义哲学观最接近。

西塞罗赞同柏拉图的说法，认为哲学是神赐的礼物。“在我看来，更加著名的劳作的领域似乎也不能不受神的影响，我必须说，

① H. Koester, *History, Culture, and Religion of the Hellenistic Age*（《希腊化时代的历史、文化与宗教》），第二版，卷一，Introduction to the New Testament, New York, 1995，页 329。

诗人倾诉出他的赞歌怎能没有来自上天的灵感，雄辩而又滔滔不绝的言词和丰富的思想又怎能没有某些更高的影响。至于哲学，一切技艺之母，又怎能例外地不是诸神的发明呢？柏拉图说它是神赐的礼物，我也这样认为。它首先指导我们崇拜诸神，其次教我们植根于人类的社会联合中的正义，最后教我们灵魂的节制和高尚，从而驱除蒙蔽心灵的黑暗，使我们看到所有天上和地下的事物，看到最先出现和最后出现的事物以及位于两者之间的事物。”①这种说法是古希腊哲学家的通病，将人的智慧的根源追溯到神那里去，因此并不稀罕。

西塞罗认为哲学有实用价值，能为人们提供指导日常生活的原则。请看他赞美哲学的话语。他说：“噢，哲学，你是生活的指南，噢，你是美德的发现者，邪恶的驱逐者！没有你，我会变成什么样子，整个人生会变成什么样子？你使城邦诞生，你使散居的个人形成共同的社会生活，你首先用共同的习俗把他们联合起来，然后用婚姻束缚他们，再用共同的文学和语言把他们联系在一起。你发现了法律，你是道德和秩序的教师。我到你那里避难，我到你那里寻求帮助，我把自己托付给你。这种信任曾经是充分的，现在则是全心全意的。”②

除了与公共生活的联系外，哲学对个人事务也起到指南和良师益友的重要作用。对善的幸福生活来说，没有其他东西比哲学的贡献更大了。人们从学习哲学中获得人格力量和关于美德的知识。西塞罗把哲学看成精神治疗的一种方式。“我们谈话的目的

① Cicero, *Tusculan Disputations*, 1.63.

② 同上书，5.5。

在于巩固国家,稳定城邦,医治所有的人们。”[1]他赞扬哲学是心灵的良药。“确实有一门医治灵魂的技艺,我指的是哲学,向哲学寻求帮助一定不能像治疗身体疾病那样向外寻求,我们必须竭尽全力,尽一切努力使我们自己成为自己的医生。”[2]“我转向这些研究也是为了医治心灵和心脏的疾病,巨大的不幸[3]几乎使我崩溃和动摇,但我又不得不承受它。所以我自己用这种方法来治病,除此之外我不知还有无更好的医治方法。”[4]“明天以及我们待在图斯库兰家中的其他日子里,让我们继续讨论这些问题,特别是那些能使我们从焦虑、恐惧、欲望中解脱的问题。这就是由整个哲学提供的最丰富的回报。”[5]“我从哲学中寻找治愈我的悲伤的办法,我认为这是消磨我的闲暇的最光荣的方式。这种工作最适合我的年纪,在这个方面我可以取得的成绩与其他成果不仅仅是和谐的,它还是教育我们的同胞的最有用的方式,如果情况不是这样,我看不到其他我们还能做些什么。”[6]总之,哲学的功用在于洗涤心灵,驱除紧张和焦虑,从而提供内在的宁静与和谐。哲学增强自足,增加对于外部世界的独立性,为我们的麻烦提供避难所,减轻痛苦和恐惧,使情欲升华。哲学是治疗精神纷扰的良药,也是健康心灵的营养。

西塞罗的哲学观以实用性为主要特征。由于这个原因,他从

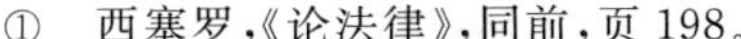

① 西塞罗,《论法律》,同前,页198。

② Cicero, *Tusculan Disputations*, 3.6.

③ 指公元前45年,西塞罗之女图利娅之死。

④ 见本书卷一,章IV。

⑤ Cicero, *Tusculan Disputations*, 1.119.

⑥ Cicero, *Academica*(《学园派哲学》), 1.13, *Loeb Classical Library*, vol. 19。

来没有打算建立一个哲学体系，“也正因为此，他能够以他丰富的知识、理解性的研究、大量的写作和运用拉丁语言的高超技艺，把希腊哲学当作一种有用的和有益的东西呈献给罗马世界，由此他指明了一条罗马人诠释希腊传统的道路。”①他的贡献不是以一种特殊的理论丰富了希腊哲学，而是把希腊哲学拉丁化，并引向政治、法律、伦理等实践领域，使其满足民众的需要。与希腊哲学家相比，没有哪一位希腊哲人曾经具有西塞罗这样的鼓动宣传能力，也没有哪一位希腊哲人曾经赋予如此众多的抽象哲学概念以实践推动力，更没有哪一位希腊哲人能像西塞罗那样，以其丰富的阅历和饱满的生活热情使古希腊文化的人文主义理想富有生气，并且把它变成所有公民的实际行为准则。他是一位实践的哲学家。

西塞罗《论神性》导读

神学是西塞罗哲学研究的一个组成部分或延伸。在西塞罗看来，所谓诸神的本性、诸神的存在等问题是哲学问题。由于这些问题与人生信仰、生活幸福有密切的关系，因此哲学家必须深入思考这些问题。为此，他写下了《论神性》、《论占卜》、《论命运》等宗教神学著作。在其他著作中，他也屡屡涉及宗教和神学。

公元前 45 年夏，西塞罗完成了《学园派哲学》、《论至善与至恶》和《图斯库兰讨论集》的写作。他的下一个目标是思考神与世界的关系问题。此时他的主要兴趣仍在伦理学上，但他相信，没有

① H. Koester, *History, Culture, and Religion of the Hellenistic Age*, p. 330.

宗教的支持就不可能保持道德。所以，在他对伦理学的细节问题作进一步探讨之前，他先要解决一些神学上的难题：一个理性的人能否信仰和实践某种宗教以构成道德的基础？伊壁鸠鲁主义的无神论倾向和立场是否合理？怎样才能与斯多亚学派的泛神论和迷信倾向保持距离？

为了解决这些问题，西塞罗决定不是直接陈述他自己的看法，而是按照学园派的信条，先对现有的各种观点进行考察，然后再来决定最接近真理的观点以便加以采纳。这就是《论神性》这部对话。采用对话文体对他来说不是为了行文方便，而是出于一种哲学研究的需要。《论神性》这部著作的拉丁文原名是 *De Natura Deorum*，英译名为 *On the Nature of Gods*。在他之前，学园派的一些哲学家，如塞诺克拉底和克律西波，都写过同样名称的书。这表明，西塞罗是在当时哲学争论的背景下撰写这本书的，当时的哲学争论已就诸神的本性等问题进行过讨论。

《论神性》有各种译本，章节划分有许多差别。学者们通常采用拉丁文和英译本对照的“娄卜丛书”的编排为标准。全书共分 3 卷，卷下分章：第 1 卷有 44 章，第 2 卷有 47 章，第 3 卷有 40 章。另一种分法是卷下分节，用边码注出。第 1 卷共 124 节，第 2 卷共 168 节，第 3 卷共 95 节。要注意的是，“节”并非每章之下的节，而是另一种分法。全书原文除第 3 卷有大约三分之一缺失外，基本保存完整。作者虚构的对话时间是公元前 77 年或公元前 76 年，地点是科塔的住所。除了科塔，其他出场的人物有威莱乌斯、巴尔布斯和西塞罗本人。这些人都是历史中的真实人物，西塞罗的实际年龄比这些人要小得多。虚构这样一个对话时间就可以让这些人发言，当主要对话人，而西塞罗本人则可以扮演旁听者的角色，一直到对话终结处再发表意见。虚构的对话连续进行了三天，每天的内容构成了一卷。威莱乌斯代表典型的伊壁鸠鲁学派，巴尔布斯是斯多亚学派，科塔则持学园派的观点。西塞罗本人在对话中提到自己不坚持任何既定的观点。他说："求求你们别把我当作科塔的同伙，而是当作一名听众，一名无偏见的听众，我并不受那些确定的观点的束缚，也不承担什么义务。"[①]言下之意也就是说对科塔所表述的学园派的观点也可以持怀疑态度。

原文第1卷第1至7章（亦即1—17节）是整部对话的序言。作者阐述了研究诸神的本性问题的意义和方法。他说："哲学有许多部门还没有以任何适当的方式进行探索，而关于诸神的性质的问题是其中特别困难和晦涩的。这个问题与灵魂理论密切相关，对规范宗教也极为重要"，"杰出的学者们对这个主题持有纷繁多样的观点"。[②] 一切有关宗教的问题都与诸神的性质有关，在这个问题上不能采用教条主义的态度。

他指出：大部分思想家肯定诸神的存在，这是一种最可能的观点，也是受自然引导最容易得出的一种观点；但是有一些人，如普罗泰戈拉，声称他在这一点上是不确定的，也有一些人认为诸神根本就不存在。至于诸神的外形、住所、生活方式这些细节则在哲学家中反复争论，观点各异。随着争论的深入，争论的主题转为诸神与世界的关系。一些人相信诸神完全没有理智，也不统治世界。

① 见本书卷一，章 VII。

② 见本书卷一，章 I。

另一些人认为，诸神在太初时创造万物，以后又一直控制万物的运动。否定诸神统治世界必然否定宗教，虔诚的美德也会消失；人类的生活将陷入混乱，社会的团结、正义、忠诚都将消失。相信神的理智和理性统治世界的人也相信神意监视着人的生活，自然界是不朽的诸神赠给人类的礼物。“关于这个问题，我们能够让善意的批评得到满足，也能让恶意的挑剔沉默，以便使后一种人对他们确定的东西再作思考，使前一种人的知识有所长进。参与友好的辩论应该作解释，面对敌意的攻击只能给予驳斥。”[①]

序言之后是以伊壁鸠鲁主义身份出现的威莱乌斯的发言。他首先对柏拉图主义和斯多亚学派的神学和宇宙论学说进行批判，指出其荒谬性（卷一，章 VIII—X）；然后对自泰勒斯以降的希腊哲学家的神学观点做了综合性的概述（卷一，章 X—XV）；最后叙述了伊壁鸠鲁学派关于诸神的性质的学说的主要观点。（卷一，章 XVI—XX）

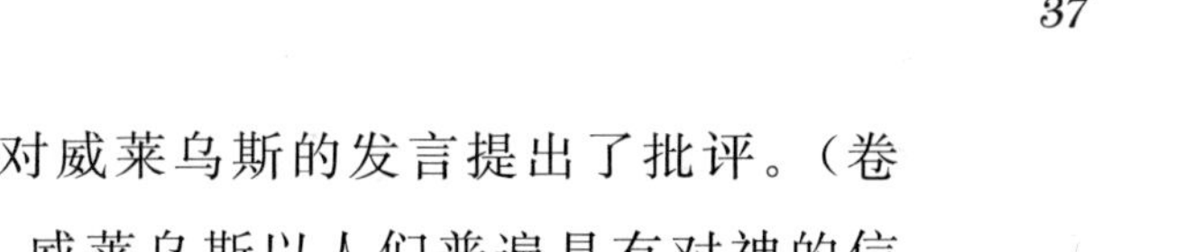

接下去科塔代表学园派对威莱乌斯的发言提出了批评。（卷一，章 XXI—XLIV）他指出，威莱乌斯以人们普遍具有对神的信仰作为诸神存在的证据是相当薄弱的（卷一，章 XXIII），威莱乌斯依据原子论解释神的起源、住所、形体、精神、生活方式，但是根本就没有原子这种东西存在，也不存在无形体的虚空，因此，原子论只是自然哲学的喻言（卷一，章 XXIII—XXIV）。假定有原子构成的诸神，那么诸神必定不是永恒的；原子有生灭，诸神也有生灭。可见这种解释与神的永恒性相悖。（卷一，章 XXIV）科塔接下去

① 见本书卷一，章 III。

批判了神人同形同性论(卷一,章 XXVI—XXXVI),指出这种观点出于迷信和无知,它剥夺了神的完满。(卷一,章 XXVIII)并非所有的民族都具有这种观点,而伊壁鸠鲁本人也有神人同形同性论的观点。伊壁鸠鲁学派嘲笑其他学派,而他们自己的神人同形同性论观点也是可笑的(卷一,章 XXX—XXXVI)。从伦理角度看,伊壁鸠鲁学派的观点也是错误的。承认影像并不能肯定诸神的真正存在,这样的神也不是幸福、永恒的存在。(卷一,章 XXXVII)不起作用的、缺乏德行的、没有感官快乐的、随时处在消亡威胁之下的诸神怎么能够幸福?(卷一,章 XL)伊壁鸠鲁的观点对宗教来说是毁灭性的,否认了神也就否定神对人的仁慈。(卷一,章 XLIII)

科塔的上述批评意见所包含的论证部分地取自学园派,也在一定程度上表现出西塞罗本人的倾向。他实际上认为,伊壁鸠鲁主义的观点并不比受到它的谴责的其他学派的理论更令人满意,从实际效用出发,人们不能接受这种观点。

在第二卷中,巴尔布斯阐述斯多亚学派的神学观点。他说:“总的说来,我们这个学派把你提出的关于不朽的诸神的主题分为四个部分:首先证明诸神的存在,其次解释它们的性质,再次说明世界受诸神的统治,最后说明诸神照料人类的命运。”(卷二,章 I)他集中了各种论证,阐述了斯多亚学派在这四个问题上的主要观点:第一,这个世界的种种迹象表明它是神圣的,因此人们普遍相信神的存在(卷二,章 II—XVI);第二,神是球形的,神的运动方式与天体一样是旋转的,神是一位具有创造力的工匠,流行的诸神崇拜是神赐予人的礼物,或者是人格化的美德和情欲(卷二,章

XVII—XXVIII)；第三，神的智慧和力量、世界的本性和秩序证明了神意的存在，神意控制和保护着宇宙万物(卷二，章 XXIX—LXIV)；第四，神照料着人的福祉，帮助个人(卷二，章 LXV—LXVII)。

第三卷由科塔对巴尔布斯的叙述做评价，针对巴尔布斯阐述的四个问题作出回答。由于这一卷大约有三分之一的原文佚失，科塔对第三个问题的回答我们无法得知。

科塔指出，巴尔布斯的叙述相当雄辩，但并非无懈可击。首先，如果神的存在是非常明显的，是人们普遍承认的，那么还有什么必要作详细的证明呢？实际上看到天体运动并不一定能引导人们相信一位自然的神，共同的信仰也不一定可靠。(卷三，章 III—IV)其次，这个世界是美丽的，但为什么它就是有智慧的呢？许多哲学家都已经对这种观点提出了反驳。(卷三，章 VIII—XXV)最后，理性作为神赐予人的礼物实际上是对人的一种伤害，而非福祉，只有合乎道德地使用理性才是有效的，而如何使用理性取决于人本身。神意应当有预见，看到人会滥用理性，神就不会拿理性当礼物赐予人类了(卷三，章 XXVI—XXXI)；人缺乏智慧表明神对人的福祉无动于衷(卷三，章 XXXII)；人的生命和自由绝不是小事，人要获取美德必须靠自己，而不是靠神的恩赐(卷三，章 XXXV)。科塔的发言结束后，西塞罗对三天的讨论情况做了十分简短的小结，整部对话到此结束。为了帮助读者理解整部著作，当代西方学者罗斯(J. R. Rose)根据西塞罗原书的发展脉络写下了“假想的后续对话”。中译本将此一并译出，读者可以参阅。

《论神性》虽然不是西塞罗的主要哲学著作，但对我们研究希

腊哲学各派的理性神学思想和无神论思想非常重要，起着提供史料的重要作用。此处仅对西塞罗的神学立场和宗教立场作一些评价。

对话的文体和虚构的场景对我们确定西塞罗本人的立场带来了一定的难度。西塞罗在全书结论中说："我感到巴尔布斯的观点最接近像是真理的东西"。[①] 在此后的著作中，他又说过《论神性》是一部已经完成了的著作。[②] 由于这两个原因，学者们一般认为西塞罗本人最终接受了斯多亚学派的神学立场。然而，结合西塞罗晚年所持的哲学立场，以及他在对话开头时所表明的对各种神学观点的态度，我们可以认为，西塞罗借巴尔布斯之口对斯多亚学派的神学观点做了系统的阐述以后，还是对这种"最接近真理"的观点做了一些批评。但是在批评之后，西塞罗也不是要全盘抛弃它，而是想要具体说明他接受斯多亚学派学说的哪些部分，抛弃哪些谬误。由于他此时撰写这部分内容还不成熟，他手头也没有一个现成的希腊模式可供借鉴，于是他将此任务留到了以后。这就是他仓促地结束了这部对话的原因，也没有迹象表明这部对话曾经正式发表过。继《论神性》之后，他又撰写了《论占卜》和《论命运》，进一步研究与神性问题有关的两个方面，即占卜和命运。

应当说，西塞罗的神学立场与他晚年的哲学立场是一致的。一方面，他抱着学园派怀疑主义的态度对以往的神学观点进行研究，运用以往希腊哲学中的理性神的思想对传统的以神人同形同

---

① 见本书卷三，章 LX。

② Cicero, *De Divinatione*（《论占卜》），2.3, *Loeb Classical Library*, Vol. XIX.

性论为特征的希腊罗马宗教进行批判；另一方面，他又站在有神论的立场上，批评以伊壁鸠鲁学派为主的无神论思想。这样的工作使他的著作可以用作批判传统希腊罗马宗教的武器，也可以成为建立新宗教和新神学的思想来源。但这项工作在西塞罗那里并没有完成。如果说他在这方面有什么贡献的话，那么我们可以说，他对以往希腊哲学中一直存在的理性神的思想做了初步的综合。

由于西塞罗思想的综合性，要确定他的神学立场究竟属于哪一学派也就变得没有什么意义了。我们能够加以确定的是：西塞罗是一名有神论的哲学家。他相信神的存在。他说："在人类中，不管哪个民族，无论是发达的或野蛮的，没有不知道应该承认神的存在的，即使它并不知道应该承认谁是神。由此可以这样说：一个人只要在回忆和认识自己从何而来，他便是在认识神。"[①]他也是一名神创论者。他说："这种我们称之为人的有预见能力、感觉敏锐、感情复杂、善于观察、能记忆、富有理性和智力的动物是由至高的神明创造的，被置于可以说是最佳的状态。"[②]神明把灵魂作为礼物赋予人，因此"我们同神明之间有着亲族的或世系的或根源的联系"。[③] 他坚决反对神人同形同性论的观点，把理性视为人与神之间的共性。他说："人和神中间存在的是一种正确的共同理性，因为法律即理性，因此应该认为，我们人在法律方面与神明共有。"[④]他期待着宗教信仰能够引导人们进入德性的境界。他说：

① 西塞罗，《论法律》，同前，页192。

② 同上书，页191。

③ 同上书，页192。

④ 同上。

“人和神具有同一种德性”,“这种德性不是什么别的,就是达到完善,进入最高境界的自然”。①

西塞罗对拉丁神学的影响及其对创建汉语神学的启示

《论神性》是西塞罗最有代表性的神学著作,在欧洲思想史的不同阶段发挥了十分有趣的作用。首先是在公元3世纪,当罗马帝国的宗教斗争十分激烈的时候,基督教在这本书中发现了非常有用的武器,用来反对古老的传统宗教。当时的基督教教会虽然存在着一种倾向,要警惕希腊哲学带来的危害,但是一些基督教护教士还是运用它作为批判异教的武器。如果一位杰出的非基督教学者能够批判罗马传统宗教,为什么不对他的思想加以利用呢?基督教护教士米诺西乌·菲利克斯、阿诺比乌、拉克唐修都曾模仿过西塞罗的风格,使用西塞罗著作中的材料批判罗马宗教。基督教大思想家奥古斯丁也熟知西塞罗的《论神性》,在他的《上帝之城》中利用他的思想批判罗马宗教。后来随着基督教的得势,6世纪末的大格里高利曾经想毁掉西塞罗的全部著作,因为他优雅的文风具有诱惑力,妨碍人们读《圣经》。然而西塞罗的著作大部分保存了下来,成为西方知识界熟悉的书本。

文艺复兴时期的意大利学者首先使人们对西塞罗著作重新产生兴趣。这个时期的人文主义倾向使他们把西塞罗当作雄辩与智

① 西塞罗,《论法律》,页193。

慧结合的化身，公元15世纪时，当亚里士多德的影响衰退，而柏拉图思想还没有全然产生冲击力的时候，西塞罗一时间成为最伟大的古代人物。但他的《论神性》在这个时期没有多少人使用。因为，只要人们的思想还在受基督教的支配，人们就不可能看出它有多少重要的意义。但是后来17世纪的宗教改革使人们对这本书的兴趣大增。加尔文、蒙田都使用过这本书。这本书的各种译本纷纷印行。到了18世纪，随着理性主义的兴起，带来了人们使用这本书的高潮。《论神性》中的各种论证被人们反复讨论和引用。几乎所有的近代大思想家都曾关注过这本书，他们不一定完全赞同西塞罗的观点，但无疑都受到过西塞罗的影响。自德国古典哲学以后，西塞罗神学著作的影响衰落了，但我们相信，只要人们还在继续思考西塞罗提出过的那些问题，他的观点仍旧可以给人们以启发。

自1994年香港汉语基督教文化研究所倡导建构汉语基督神学以来，包括大陆、香港、台湾和海外华人在内的汉语神学界人士做了大量的工作，翻译介绍西方重要基督教神学著作是其中的一项。西塞罗虽然不是一位基督教作家，但却是一位对西方基督神学，特别是拉丁神学有着重要影响的思想家，因此，翻译他的神学著作是一项适当的选择，并将对汉语基督神学的建构产生积极作用。

阅读西塞罗的神学著作首先给我们带来的启发可能不是西塞罗书中阐述的那些具体神学观点，而是他在建构非基督教的拉丁神学时的态度：全面地把握希腊哲学家的神学观点，比较分析它们的得失，力图达成某种以拉丁民族为本位的综合。这种态度是在他所处的具体生存处境中生成的，具有他个人的特质，但在更大的程度上，却反映了整个拉丁民族文化的需要。

西塞罗建构非基督教的拉丁神学以希腊哲学家的神学思想为主要思想资源，但也不放弃对其他文学形式的利用，诗歌、戏剧、道德格言都是他注视的领域。可见，“思想资源并非只积聚在民族性的思想系统之中，也积聚在民族性的诗词、散文的言述之中，积聚在文学的语文经验和民间叙事的语文经验中。”[①]然而，在他所处的那个时代里，哲学已经成为一种知识的标准形式，神学的建构最终还要落到理论阐述上来。缺乏一种现实宗教的依托，使西塞罗建构拉丁神学的努力不可能取得。

在西塞罗所处的时代，统一的罗马国家需要一种维系民族精神的文化形式，然而传统的罗马宗教缺乏理性的滋润，与迷信无法划清界限；多神论的宗教观念受罗马人实用精神的支配日益坠落，成为统治者维持皇位的工具；希腊哲学传入罗马以后在神学领域出现无神论与有神论的尖锐对立，但在提升神祇观念的超验性方面并没有多少进步，反而在与流行宗教的抗衡中处于劣势。西塞罗的功绩表现在这里，他的失败也在这里。他运用犀利的理性工具揭示了各种神灵观念的谬误，但无法从现存宗教观念中提升出更高的一神论的超验的神观。尽管他是一位实践性很强的哲学家，他却无法仅仅在思想领域创造出一种理想的宗教，一种比较圆满地解决理性与信仰之矛盾的宗教。

① 刘小枫，“现代语境中的汉语基督神学”，《道风：汉语神学学刊》，1995(2)，页46。

神学与宗教的联系十分密切。但就个体来说，他的神学观点与实际的宗教态度不能完全对应。我们从西塞罗的著作中可以看到许多批判传统宗教的话语，但他并不否定传统宗教存在的合理性，在实际生活中更是参与各种宗教活动，是传统罗马宗教的拥护者。

西塞罗的宗教态度与他本人的经历有关。西塞罗早年在雅典有过加入厄琉息斯密仪的经历，获得了深刻的宗教体验，以至于30年以后他还在说，他在雅典期间的所有经历没有比这次入会更加奇妙的了，这些秘仪使“我们这些野蛮、粗鲁的人变得人道和温和，认识了所谓的奥秘，实际上即生活原则，教导我们不仅活着时快乐，而且死去时心怀美好的希望”。[1] 在他晚年的时候，他的爱女图利娅之死使他获得了另一种宗教体验。他开始相信人的纯洁的灵魂在死亡时直接趋向于诸神，分享诸神的本性和荣耀；而瑕疵的灵魂则进入黑暗的地狱，等候另一次进入人体复生。图利娅的灵魂是纯洁的，西塞罗感到与她的情感交流使他自己也能达到与神的交流，因此他打算建造一所小小的神庙纪念图利娅。但对这类宗教体验他只在少数一些地方做过描述。

可以说，当西塞罗以一名哲学家的身份在思考宗教问题时，他试图对宗教的真实性问题作一种哲学化的把握。但当他面对社会现实，思考宗教的社会、政治、法律、伦理功能时，他以权威、习俗作为宗教信仰的基础。权威在这里的意思主要是祖先的智慧，指团结、忠诚、合作、主动这些公民美德，这种东西与罗马人的伟大、罗

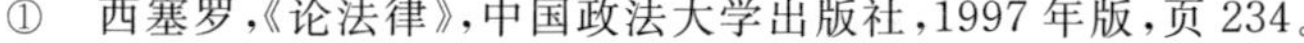

① 西塞罗，《论法律》，中国政法大学出版社，1997年版，页234。

马国家的伟大联系在一起。他没有把神意当作迷信完全排斥，而是采取了一种中庸的办法，认为宗教既不会阻挠我们的政治行为，也不会使我们对自然的理性秩序的观点模糊。因此，他在社会政治著作中反复强调神意。他认为宗教是绝对必要的，但这种必要性更多地与社会原因联系在一起，而与精神原因联系较弱。他把宗教看作社会的黏合剂和社会正义的基础，因此他在宗教问题上主要反对伊壁鸠鲁学派而不是斯多亚学派。他承认宗教的各种社会作用，但没有严格区分宗教与迷信。这种区分一直到基督教时代才清楚。总之，在宗教问题上，西塞罗完全采取一种实际的态度，他希望宗教能以一种诸神的存在是可能的，诸神能关心人类这样一种形式出现。他是罗马传统宗教的坚定拥护者。他说："让公民们一开始便树立这样的信念，即一切事物均由神明们统治和管理，一切均按神明们的决定和意志而变化，神明们极力帮助人类，他们看得见每个人是怎样的人，在做什么，怎样行为，在想什么，如何虔诚地侍奉教仪，如何对待尽责和不尽责的人们。"[①]西塞罗本人当过占卜官。他因此说："国家最重要、最根本的法是同占卜官的威望相联系的法。"[②]他按照当时罗马的习俗叙述了一系列罗马宗教的法律，要求人们严格遵循。[③]

西塞罗的失败反衬出拉丁基督神学的成功。拉丁基督神学是一种形态完备的古代神学。拉丁神学作品内容丰富，形式多样。有思辨性很强的神学论文，也有引人入胜的神学对话，更有大量的

① 西塞罗，《论法律》，中国政法大学出版社，1997年版，页221。

② 同上书，页231。

③ 同上书，页223—226。

经文诠释、道德箴言、布道词、诗歌、政论文、史学作品，等等。可以说，基督信仰渗透到各种文化形式中，凡非基督教世界所拥有的语文形式，拉丁基督教莫不具有。究其原因，一是基督信仰的强大生命力，二是古典文化已经拥有大量的思想语文资源，可以为具有基督信仰的知识阶层所使用和改造。而个别基督教思想家选用何种思想语文资源和创作形式，则取决于他的具体生存处境和知识构成。

公元2世纪末罗马帝国西部基督徒的生存处境决定了最早的拉丁神学著作以护教论的形态出现。拉丁基督教护教士为了捍卫基督信仰，从当时的异教哲学和文学中汲取了一切可为己用的思想资源，释经学、修辞学、哲学、伦理学、神学等等，撰写出形式多样的护教著作。由于当时的社会阶层熟悉和喜爱希腊哲学著述通用的文体，即对话和论文，所以最早的拉丁神学著述亦采用这两种文体。菲利克斯（Minucius Felix）在汲取拉丁古典文化方面是开创性的。他从西塞罗和塞涅卡的著作中采用了许多材料，又以他雄辩律师的精确性组织了他的论证。特尔图良（Tertullian）虽有反希腊罗马文化的倾向，但他在使用古典思想资源方面并不比菲利克斯逊色，广泛的汲取使他有可能创造出大量在天主教学说的词汇表居有永久性地位的术语。为了能够把基督教的神的观念传递给已被希腊哲学的神观占据头脑的异教徒，拉克唐修（Lactantius）运用他的哲学功力从本体论角度探讨神的特性，提出一种高度哲学化的一神观。

从尼西亚会议以前的拉丁神学作品来看，许多著作并不能纳入狭义的神学范畴。它们涉及的问题不是抽象的存在，而是人的

生活。它用短句表述，是一种寓言的哲学。它没有细微的思想剖析。它没有体系，也不想构筑一个完善的整体，建立体系的意识尚未觉醒。它没有分辨语词的嗜好。然而正是因为有了这些基督教作品，基督神学思想才可被各个阶层各个文化层次的人接受。

随着基督教在罗马帝国上升为国教，拉丁神学更加着力于基督信仰与古典文化的融合。安布罗斯、杰罗姆、奥古斯丁这三位拉丁博士所做的工作很有代表性。安布罗斯是一位卓越的政务家、演说家和神学家。他向柏拉图、西塞罗、维吉尔及其他异教学术巨人学习，以坚实他的基督神学。他也是脱离罗马帝国权威而独立的教会学者的先锋之一。当狄奥多西一世屠杀反叛的帖撒罗尼加民众时，安布罗斯把他逐出米兰教会，迫使狄奥多西道歉并恳求宽恕。这次皇帝的公开悔改，成为以后教会在信仰与道德问题上站在优越地位的先例。

杰罗姆神学作品的学术性最强。他曾深受一大难题困扰：身为基督徒的他，可不可以埋首于异教文学巨人如荷马、维吉尔、贺拉斯、西塞罗的著作？他曾有一梦，基督在梦中拒绝他的永生，曰："你是一个西塞罗信徒，不是基督徒。"因此，他一度弃绝一切异教论著。然而，他实在是太深爱古典文学了。终于，他认为希腊罗马文学可以适度地用于基督的信仰中。杰罗姆的学术研究精神深深地影响了后代的神学思想，特别是中古教会的神学。

奥古斯丁是基督教的思想巨人。他亦有杰罗姆般的困扰：异教思想会危及他的基督信念。不过他仍像杰罗姆般地认为一个好的基督徒应可适当地使那些论著用于基督教信仰。有的学者说奥古斯丁让柏拉图受洗了，而阿奎那则说："受到柏拉图学说影响的奥古斯丁，发现此等古典理论与信仰相符时，他便融而纳之。此等理论与信仰分歧时，他则纠正之。”[①]有了这个标准，他在融合古典及基督思想上比其他人做得更成功。他“用基督教教义重整柏拉图和普罗提诺的理论，终于把拉丁哲学推展到自成家数的阶段。他是西罗马帝国最伟大的哲学家，而诚然，也是基督教史上最重要的思想家之一”。[②] 他的工作证明了基督信仰与多种形式的古典思想语文资源结合的可能性。

古代拉丁基督神学家的生存处境及承担的使命与新汉语基督神学不可同日而语，但我们从中可以得到的启示是：利用一切可资利用的思想语文资源，根据实际效用选用恰当的文体，创造出形式多样的汉语基督神学作品，在此基础上使汉语神学形成一种“理性化的知识系统”。这样的神学建构不是一两个神学家能够完成的工作，甚至也不是一两代神学家能够完成的事业，而要靠世代的积累。笔者相信，汉语神学研究发展到一定阶段，一定会有人完成那综合性的工作，而就目前来说，还有许许多多基础性的工作要做。

① 转引自 Warren Hollister，*Medieval Europe：A Short History*（《西洋中古史》），台北，1992 年版，页 11。

② 同上书，页 13。

目　录

第　一　卷

I

有许多哲学问题一直还没有令人满意的答案，而诸神的本性问题就是其中最隐晦、最困难的一个。若能回答这个问题，则不但能彻底揭示我们自己的心灵的本性，而且也能为我们提供必要的宗教方面的基本指导。学者们对这个问题的看法五花八门、相互矛盾，真令人感到有句谚语说得不错，哲学是无知之子；而学园派的哲学家们是聪明的，他们对任何一个未经证明的命题都保持沉默。没有什么比草率的判断更糟糕的事情了，也没有什么比不加批判地接受错误观点，或者顽固地坚持某些尚未充分探讨和理解的理论更缺乏哲学家的尊严和真诚。

关于我们要讨论的这个问题，大多数哲学家都肯定诸神的存在。这种断言看起来似乎很有道理，而且我们都本能地倾向它；但是，普罗泰戈拉(Protagoras)对此却表示怀疑，而弥罗斯的狄亚戈拉斯(Diagoras of Melos)和居勒尼的塞奥多洛(Theodorus of Cyrene)则根本不相信诸神的存在。即使在那些坚持诸神存在的人们当中，也有许多相互冲突的观点，要全部罗列这些观点一定会冗长乏味。关于诸神显现的形象、诸神的家园和居所、诸神的生活方式，都有许多不同的理论，这些理论也都是哲学家们不断争论的话题。但是争论的关键与核心则是：诸神是否什么都不做，什么都不关心，超然于世界之外，也不照料和管理这个世界；或者持相反的观点，万物皆由诸神从时间之初创造构成，并将永远由诸神来管理和统治。

因此，我们的探讨从一开始就面临着观点上的根本分歧。除非能将这些分歧意见统一起来，否则人类将继续生活在最严重的谬误之中，对他们最需要知道的东西一无所知。

II

总有那么一些哲学家相信诸神根本不关心人间的任何事务。如果这个信念是对的，那么虔诚、敬仰以及宗教都变成了什么？如果诸神根本不关心人间事务，如果它们因自身不朽而鄙视人类，那么人们真诚地献给诸神之神性的所有纯洁的供品都毫无意义。如果诸神不能帮助我们，或者能帮助也不肯帮助，而且根本不关心我们，甚至不留意我们的所作所为，简言之，如果这些不朽的存在对人的事务没有任何影响，那么，我们为什么还要敬仰它们、向它们祈祷呢？虔诚也像其他美德一样，要想长期维系不能仅仅依靠习俗和矫饰。一旦虔诚消失，宗教和神圣也将随之消失。这些东西一消失，我们的生活方式就会出现一片混乱。我确实不知道，如果失去对诸神的敬畏，我们是否还能看到善良的信念、人类之间的兄弟情谊，甚至连正义本身也将随之消失，而正义是一切美德之基石。

然而，也有另一些哲学家在这一点上可以说是伟大而高尚的，他们相信整个宇宙由诸神的心灵和目的来管理和统治;他们也相信诸神热心地为人类生活提供给养。大地产出的果实以及其他所有产出、时间与季节、天空的种种变化、由此而使大地产出的万物生长和发育成熟,所有这些在他们看来都是不朽的诸神对人的恩赐。他们搜寻了大量的证据来证明这个看法,对这些证据我们将在下面加以考察。这个看法主要想证明诸神确实已经为人类的福祉创造了一切。但是卡尔涅亚得斯(Carneades)不同意这个看法,带着任何一个具有主动心灵的人都能激发出来的、为自己寻求事物之真理的强烈欲望,他提出了许多针锋相对的论证。没有哪个问题像这个问题一样存在着如此众多的分歧意见,不管是在有知识的人中间,还是在无知的人中间。对这些相互冲突的见解有一点可以肯定,这些观点很有可能都是错的,而正确的观点有一种以上是不可能的。

III

就我自己的立场来说,我想我会乐意看到真诚的批评,而对恶意的诽谤严加驳斥。这样,那些诽谤我的人会为自己的行径感到不安,而真诚的批评则能给我们带来获得新知识的快乐。我们必须尽力启发那些善意批评者,使他们信服我们的看法,而严厉驳斥那些恶意中伤者。

我知道人们对我近来短期内发表了几部哲学著作有许多议论。有些人怀疑我怎么会突然对哲学有这么大的热情;还有些人则急切地想知道我对我所讨论的问题得出了什么样的结论。我也感到有许多人非常吃惊，因为我竟然喜欢这样一种在他们看来无异于熄灭灯火、使一切都陷入黑暗的哲学，他们也没有料到我竟然奋起维护一种已经被抛弃、长期被遗忘的思想流派。

我并不是一夜之间成为哲学家的。我从早年起就一直对哲学感兴趣，并致力于学习哲学。在我似乎对哲学最不感兴趣的时候往往是我最像个哲学家的时候。我的演讲充满哲学格言就是明证，我和那些有学问的人保持着友谊，他们经常光顾我家，还有那些杰出的哲学家，狄奥特图斯（Diodotus）、斐罗（Philo）、安提俄库斯（Antiochus）和波西多纽（Posidonius），他们曾是我的哲学教师。如果一切哲学格言都必须在我们的日常生活中体现，那么我相信，不论是在公开场合还是在私下里，我总是合理地行动，并与我的哲学信仰保持一致。

IV

如果有人问我，是什么动机促使我到了暮年才提笔讨论这些主题，那么没有什么比这个问题更容易回答了。首先，我此时有了空闲，没有别的事可做。而整个国家的状况则是，政府已经不得不把自己的命运托付给个人的智慧去照看。因此，从国家的利益出发，我认为我应该努力使我们的人民对哲学产生兴趣。在我看来，这样一个重要而又有价值的学科应该在拉丁文献中拥有它的地位，这件事对我们国家的尊严和名誉都具有重要意义。当我看到有那么多人受到我的激励，不但阅读哲学而且也就哲学问题写作，我就不会再为自己付出的努力而感到遗憾了。曾经有许多人熟悉希腊文化，但却无法与他们的同胞交流他们的心得，因为他们无法用拉丁语表达他们在希腊语境中习得的知识。现在，我们在这个领域好像已经取得了很大进步，至少在词汇方面我们有了与希腊语同样多的词汇。

推动我从事这些研究的另一原因是我自己的心灵创伤，我不得不承受的巨大的不幸几乎将我摧毁。[①] 除了致力于这种治疗，我不知道还能否找到其他更好的治疗方法。我所用的最好方法是，不仅仅是阅读他人的著作，而且要亲自投身于解释所有的哲学问题。如果我们努力通过写作来讨论所有产生的问题，那么就能更好地理解哲学的每一个部分和分支。世上万物有一种奇妙的连续性和发展，因此每一事物都与其他事物相关联，所有事物都联系在一起，就像一条长链。

V

有些人表现出过分的好奇，向我追问对每一个问题的看法。在诸如上述的讨论中，我们的兴趣不应该集中在权威的分量上，而应集中到论证的分量上。事实上，那些一来就教训人的权威往往是初学者的绊脚石，使得他们不再运用自己的判断力来辨别真伪，而是把他们选择的老师所提出的任何意见都奉为定论。正因如此，我一直都不能赞同人们传说中的毕达戈拉斯学派的做法。据

① 西塞罗这里说的“巨大的不幸”指他女儿图利娅（Tullia）于公元前45年不幸去世。［以下未注明注释均为英译本注。］

说，一旦他们在讨论中作出了什么定论，而有人问及理由时，他们就会回答，“这是大师说的”，所谓的大师就是指毕达戈拉斯（Pythagoras）。这里我们看到的是一种绝对的先入之见，这样的权威没有任何理性的支撑。

有些人想知道为什么我要追随学园派，我想我在关于学园派哲学（Academic philosophy）的四部著作中已经给出了充分的答复。我不是要去捍卫一种被遗弃、被否定的理论。他们人死了，并不意味着他们的思想也死了，尽管这些思想现在可能已经没有了首先发现这些思想的人所能赋予它们的生命之光。学园派的哲学方法，亦即批判一切、不作任何肯定，是由苏格拉底（Socrates）引入的，阿尔凯西拉斯（Arcesilas）使之复活，而卡尔涅亚得斯使之巩固。尽管我知道，它现在在希腊人中已经像个弃儿，但是这种方法一直被充分使用到我们这个时代。我并不认为这是学园派的过失，而是由于公众的愚昧。如果弄清一种论证是有价值的，那么弄清所有的论证不是更有价值吗？这就是学园派要做的事，因为它的目标就是要发现真理，对现有一切哲学理论作出肯定或否定的论证。这是一项漫长而又艰巨的任务，我不敢吹嘘说自己已经完成了这项任务，但我可以说我已经做了尝试。

我们按这种方法所作的哲学思考并不只是外表上的相似。对此，我在别处[①]曾做过更加充分的论述，但是有些人愚蠢得不可理喻，我不得不反复加以解释。我们学园派并不是不接受任何事物为真的人。但我们确实认为任何真实的观念都混杂着谬误，只是

① 即在《学园派哲学》（*Academica*）中。

因为它们与真理相似，我们找不到确定的标准来判断它们的真假。[①] 因而我们只能获得一些可能的真理，它们不能被证实为确定的，但是它们显得如此清晰，令人信服，聪明人蛮可以把它们当作生活准则来采用。

VI

为了避免任何偏见，我先列举哲学家们在神性问题上的各种观点。全世界每个人都要在这个问题上作判断，要决定这些观点有哪些是对的。如果大家的观点都是一致的，或者有人能够确定什么观点是对的，那么我随时都可以承认学园派哲学是无耻的骗人鬼话。我蛮可以充当《年轻朋友》(*The Young Companions*)[②] 这部喜剧中的角色说，“啊，诸神，我向你们祈求，所有年轻人和同胞都向你们祈求，保佑我们吧，我向你们祈祷，向你们乞求”——当然不是为了某些琐事而祈求，就像剧中的年轻人发出的抱怨，“一个交际花拒绝了一位爱她的朋友的礼物”而使情事陷入困顿。

但我不会这样做。我要求每个人都到庭，来掂量掂量这些证据，然后作出判决：我们应该怎样谈论宗教、虔诚、神圣、祭仪、信仰和誓言，怎样谈论我们的神庙、神龛、庄严的祭祀，甚至谈论我自己

① 学园派的知识论只承认“合理的可能性”(reasonable probabilities)，而斯多亚学派(the Stoics)的知识论则设定了一个关于确定性的先天标准，要求承认真实的观念。

② 这部拉丁版的喜剧由斯塔修斯(Caecilius Statius)译自米南德(Menalnder)的一部希腊喜剧。

主持过的占卜。[①] 所有这些事都与不朽诸神的存在和本性问题相关。可以肯定，即使那些认为自己已经获得确定答案的人，当他们看到哲人们在这个重要问题上有那么大的分歧时，也会重新感到疑惑。

这种情形是常见的。我最近去我的朋友科塔(Gaius Cotta)家参加关于神性问题的讨论会，讨论富有逻辑性而又一丝不苟。他邀请我在拉丁节(Latin Festival)期间去拜访他，当时发现他正在客厅里与议员威莱乌斯(Gaius Velleius)讨论问题。威莱乌斯被当时的伊壁鸠鲁学派(the Epicureans)认为是伊壁鸠鲁学派在罗马的最伟大的代表。巴尔布斯(Quintus Lucilius Balbus)也在那儿，他是斯多亚学派哲学的专家，被誉为讲希腊语的斯多亚学派的代表人物和领袖。

科塔一看到我，就说："你来得正好。我正在与威莱乌斯争论一个非常重要的问题，像你这样一个对哲学有所研究的人肯定会感兴趣的。"

VII

"正如你所说，"我回答说，"我来得确实正是时候。我知道这里聚集了来自三种思想流派的三个权威人物，要是庇索(Marcus Piso)也在这儿，那么任何可争论的哲学问题都不会没有发言人了。"

---

① 西塞罗曾于公元前53年当选为占卜官(Augurs)。

科塔说，“如果善良的安提俄库斯在他最近送给巴尔布斯的这本书里讲述的是真理，那么你就没必要为你的朋友庇索的缺席而感到遗憾了。安提俄库斯认为斯多亚学派和逍遥派（the Peripatetics）的哲学在本质上是一样的，它们的分歧仅仅是措辞的不同。”

“随便说一句，巴尔布斯，我会很高兴知道你对这本书的看法。”

“我很吃惊，”他回答，“像安提俄库斯这样一个思维敏锐的人竟然看不到斯多亚学派与逍遥派之间的巨大差异。前者主要关心的是区分，在事实上而不仅仅在词语上，什么是真的，什么只是权宜之计；而后者则将两者混合在一起，只在数量或程度上而不是在类别上加以区分。这不是一种小小的措辞上的不同，而是原则上的根本差异。当然我们可以换个时间讨论这个问题。现在，如果你同意，让我们继续已经开始的讨论吧。”

科塔说，“无论如何，我们的朋友刚刚来（此时他朝我一瞥），得首先让他了解一些情况才好。我们正在讨论诸神的本性问题。因为对我来说这一直是个有点神秘的问题，所以我让威莱乌斯解释一下伊壁鸠鲁（Epicurus）在这个问题上的看法。威莱乌斯，如果不是太麻烦，也许你可以概括一下西塞罗来之前你对我们讲述过的内容。”

“当然可以，”威莱乌斯说，“尽管我们这位朋友的到来似乎是加强了你那边而不是我这边的力量。”他微笑着说，“你们两人都接受过斐罗这样的教诲：我们所有的知识都只是对我们自己的无知的认识。”

“让科塔去判断我们从斐罗那儿学到的东西吧。”我说，“对我来说，我不认为我来这儿是要加入谁的联盟。我只是作为一个听众，一个公正而毫无偏见的听众，没有义务勉强维护哪一种意见的真理性。”

VIII

于是，威莱乌斯带着他的学派的人所特有的自信大声发言（他们唯恐别人误以为他们对自己表达的观点有怀疑），似乎刚刚从某个伊壁鸠鲁所说的“处于两个世界之间”的诸神的居所举行的神会返回地球似的。[①] 他大声说道：“听着，你们从我这里得到的绝不只是虚幻的想象，就像柏拉图（Plato）在《蒂迈欧篇》（*Timaeus*）里把神描述成世界的发明者和创造者，斯多亚学派把神意称为占卜的老巫婆，还有的理论认为，宇宙就是自身具有理智和感觉的、闪闪发光的、循环往复的球形的神。所有这些奇谈怪论都不是哲学，只是幻想而已。

“你们的朋友柏拉图怎么能以他的心灵之眼理解像宇宙这样一座恢弘庞大的建筑，神又是怎样辛劳地创造宇宙？他认为神怎样完成创世？神用的是什么工具？是用某种杠杆，还是用其他什么器械？谁在帮他从事如此巨大的工程？气、火、土、水怎样为这位造物主所用并顺从他的意愿？还有，柏拉图的那五种原初形状（archetypal shapes）又是从哪里来的，能够如此精巧地影响理智并刺激感觉？[②] 再说就显得冗长了，因为这些都只是虚构，而不是

① 伊壁鸠鲁认为，诸神居住在介于无数的物质性世界之间的空间中。

② 柏拉图的“原初形状”即棱锥形、立方形、八边形、十二边形和十八边形，他认为这些形状分别是火、土、气、以太和水的形状。

探寻真理的结果。

“最可笑的是，柏拉图起先向我们展示了一个不但有起源而且实际上是被造出来的世界，然后断言这个世界将永远存在！他必定连起码的自然科学常识也没有，竟然想象有开端的事物不一定也要有终结。什么东西能够构成整体却不会被分解？什么东西有开端却没有终结？至于你们斯多亚学派的‘神意’（Providence），卢齐利乌斯（Lucilius），如果它与柏拉图的神相同，那么我又要问，它的动力和工具是什么？整个创世的范围和方式是什么？如果它与柏拉图的神不同，那么我要问的是，为什么它要创造一个有时间的世界，而不是像柏拉图的神那样，创造一个永恒的世界？

IX

“我想请教你们两位，为什么这些显然一直酣睡着的世界的创造者要突然苏醒过来？即使没有世界，时间必然也一直在流逝。我认为，时间不是那些可以用构成年的日和夜来度量的时间段，这些时间段取决于世界的循环运动。但是一切永恒都有一种无限的时间，是不能用任何阶段性的部分来衡量的。把时间与空间作个类比，我们就能理解这一点。但我们不能设想曾有过一个完全没有时间的时候。

“因此，巴尔布斯，我问你，为什么你们的‘神意’在越过那段非凡的时间后，仍然静止不动？它害怕工作吗？但神是不会有恐怖的，因为所有自然元素，气、火、土、水，都服从神的意愿。还有，为什么神要在各种情况下用光线和天体来装点宇宙，就像一位市政官？难道这样他自己就能居住在宇宙中了吗？如果是这样，那么我是否可以设想他以前一直生活在黑暗中，就像茅舍里的乞丐？或者我们应该设想他只是后来才对多样性产生了兴趣，因此才把天空和大地装点得如同它们现在呈现的那样？但神从中能得到什么快乐呢？如果这样做确实使他快乐，那么他为什么又要长期忽视这种快乐呢？或者说神这样做是为了人类的利益，因为你想要说，是神创造了所有这些事物？也许神是为了聪明人的利益才这样做的？如果是这样，那就没有必要为如此小的利益而耗费那么大的劳作了。也许神是为了蠢人的利益才这样做的？但是，神为什么要为那些不配承受的人去为难自己？神这样做又有什么好处呢？所有的蠢人命中注定是不幸福的，还有什么能比愚蠢更不幸？但也正因为生活中存在着许多不愉快的事，聪明人能够通过享受好东西来得到补偿从而达到平衡。而一个傻瓜既无法逃避将来的命运，又不能忍受他们的现实。

X

“至于那些认为世界本身就是一个有意识的理智的人，他们并没有把握意识的本性，也不懂意识能以什么形状显现。我会在稍后谈及这个问题。现在我只想表示我对他们的愚蠢感到吃惊，他们认为宇宙本身就是一个有意识的和不朽的存在物，它是神圣的；然后他们又说宇宙是一个球体，因为柏拉图认为球体是所有形状中最美的。而我却觉得圆柱体、正方体、锥体或者三棱锥更美。

“他们把什么样的意识归诸他们这个球状的神？他们说，这个球以我们无法想象的速度旋转着。在这种情况下，我不明白它如何能够成为一种永恒的理智和一种享有神圣至福的生命的居所。任何影响我们身体最小部分的旋转运动都是令人不愉快的，那么这种球体的旋转难道就不会使神不愉快吗？

“还有，大地作为宇宙的一部分也应该是这个神的一部分。但是，我们看到地球上有相当大一部分是不能住人的荒漠。其中有些地方是因为靠太阳太近而被烤焦了，另一些地方是由于离太阳太远而被冰雪冻住了。如果世界是一个神，而这些荒漠是世界的组成部分，那么我们可以推论，神的一个部分被烧烤着，而另一部分被冷冻着。

“关于你们这个学派的观点我们谈得够多了，卢齐利乌斯。① 至于其他学派的观点，让我们从最早的哲学家米利都的泰勒斯(Thales of Miletus)开始吧。泰勒斯是第一个思考这类问题的人。他说万物源于水；神灵从水中创造了万物。但是，如果诸神不需要这个可感的世界，如果心灵不需要质料而能够自存，那么为什么心灵要与水、水要与心灵混合起来呢？

“然后是阿那克西曼德(Anaximander)，他认为诸神是在许多漫长的兴盛与衰败的周期中产生的，而诸神的这种存在本身又构成无数个世界的基质。但是我们能够设想一个并不永远存在的神吗？

“接下来是阿那克西美尼(Anaximines)，他认为空气中可以找到神，神已经生成了，神是广阔的和无限的，并总是处在运动之

① 原文此处有缺损，有些词已经失去。英译者采用 qualia vero alia sint 的读法。

中。但是，既然神不仅具有某种形式，而且具有一切形式中最美的形式，那么无形的气怎么可能是神呢？还有，在某个时候生成的事物怎么会不分有我们这样的可朽性呢？

XI

“下一个是阿那克西美尼的学生阿那克萨戈拉（Anaxagoras），他第一个提出宇宙的形式和运动是由一个无限的心灵的权能和意图决定和指引的。但他还没有看到，与感觉相关的连续的运动不能成为无限的意识的一部分；也不可能有这样一种感觉，整个自然界都不会感受到它的影响。如果他把这个无限的心灵想象为一种生物，那么这种生物必然具有某种内在原则，从中可以形成自己的生命。但除了心灵本身外，还能有什么其他的内在原则呢？那么，心灵由一个外在的身体包裹着吗？不，这显然不是他的观点。完全纯粹的心灵没有任何感官，它似乎是某种我们的理智用任何权能或任何范畴都无法理解的东西。

“然后是克罗通的阿尔克迈翁（Alcmaeon of Croton），他把神性赋予日月星辰，还把神性赋予灵魂，但却没有意识到他是在把不朽性归于可朽的事物。

“然后是毕达戈拉斯。他认为心灵在整个宇宙中呈现和活动，而我们人的心灵只是它的一部分。他没有看到，由于把人的心灵分割出来，神圣的心灵本身就已被分割，而由于分离，它将走向枯竭；当人的心灵感到不愉快时（这是常有的事），神圣的心灵的一部分也会变得不快乐。但这是一桩多么不可思议的事情。如果人的心灵是神圣的心灵的一部分，那么它怎么可能不是万能的呢？如果这个神圣的心灵是纯粹的灵，它又怎么可能被融化和监禁在这个世界中呢？

“然后还有克塞诺芬尼（Xenophanes）。他认为整个无限的宇宙的心灵和质料共同构成了神的存在。但他在心灵的本性问题上犯了与其他人同样的错误，在无限性问题上则错得比其他人更厉害，因为这个无限者是不会有组成部分和意识的。

“然后巴门尼德（Parmenides）虚构出他的‘日冕’（Corona，希腊文是 Stephane），一种环绕天空的连续的光环和火环，他称之为神，尽管从这种光环中无踪迹可以表明神圣的存在的形式或意识。他的荒唐之处还不止于此，因为他还让他的神参与战争、纷争、色欲以及诸如此类的事情，所有这些事情最终都会由于疾病、睡眠或年龄的流逝而被忘却。至于他的星辰理论，我不在这里讨论了，因为我已经在其他地方驳斥了它。

XII

“恩培多克勒（Empedocles）在许多问题上都是错的，但他最大的错误是他关于诸神的观念。他认为存在着四种神圣的始基，万物就是从这些始基中创造出来的。但显然，这样的始基只不过是生成出来而又消逝，不可能具有有意识的生命。

“至于普罗泰戈拉，他似乎根本没有讲过诸神的本性问题，也没有提出任何关于确定的知识是存在还是不存在，或者以什么形式存在的观点。

“德谟克利特(Democritus)对此也完全茫然。他把神性归于他那些瞬时的影像,也归于发射出这些影像的背后的始基,以及我们自己的知识和理智。他犯的错误更大,因为他否定了任何事物曾经连续确定地存在,从而否定了永恒性。这样他也就拒绝了神性或关于神性的任何意见。

“阿波罗尼亚的第欧根尼(Diogenes of Apollonia)认为气是神圣的。但是气如何可能具有神的形式或者具有神的意识呢?

“如果要把柏拉图关于这个主题的看法中的不一致之处列举出来那就太冗长了。在《蒂迈欧篇》中,他说,不可能把一位神称作世界之父;[①]而在《法律篇》(*The Laws*)中他则认为甚至追问神的本性也是不适当的。他认为神是没有躯体的,非物质性的。但这是个无法理解的观念。这样的神不可避免地缺乏任何意识、智慧以及任何快乐,而这些东西都与我们的神观相连。然而不管是在《蒂迈欧篇》中还是在《法律篇》中,他都把神等同于宇宙、天体、星辰、大地和灵魂,以及受到我们的祖祖辈辈尊敬的诸神。所有这些显然都是胡说八道,也是自相矛盾的。

“色诺芬(Xenophon)几乎重复了柏拉图的错误,只是在表达上更简练了些。在他对苏格拉底言论的回忆中,* 他让苏格拉底指出,我们一定不要去追问神的本性,太阳和人的灵魂都分有着神性;他有时说只有一个神,有时又说有许多神。这些观点犯了我在

① “要找到这个宇宙的造物主和父实在是一项艰巨的任务,即使找到了也不可能告诉每个人。”柏拉图,《蒂迈欧篇》(*Timaeus*,H. D. P. Lee 译,Penguin Classics),28c。

* 即色诺芬的《回忆苏格拉底》,吴永泉译,北京:商务印书馆,1997 年版。——译者

评论柏拉图时指出过的同样的错误。

XIII

“安提司泰尼（Antisthenes）在他的《论自然哲学家》（*The Natural Philosopher*）中也说，虽然现行宗教承认有许多神，但事实上只存在一个神，即自然，这样也就否定了诸神的权能和品格。

“同样，斯彪西波（Speusippus）追随他的舅舅柏拉图，认为万物都是由某种生命力支配，并企图消除我们心灵中关于诸神的任何观念。

“亚里士多德（Aristotle）在他论哲学的第三本书*中也显得很混乱，并与他的导师柏拉图意见不一。在某个地方他把神性只归结为心灵；在另一个地方则认为宇宙本身就是神；在有的地方又设置一个高于宇宙的神，并赋予这个神一种权能，使它能在自己的轨道上通过一种反向旋转控制并保持世界的运动。① 然后他又称燃烧的天空为神，没有意识到天空只是世界的一部分，而他在另一处已经把整个世界称为神了。不管怎样，天空怎么能够在快速旋转中保存一位神的意识呢？如果天空本身就是神，那么诸神将住在哪里呢？亚里士多德也许会说这个神是无躯体的，但这样一来他也就剥夺了这个神的意识和智慧。如果这个宇宙之神是无躯体

---

* 指亚里士多德的一篇哲学论文，已佚失。——译者

① 西塞罗在这里似乎有点混淆了亚里士多德的行星旋转（planetary motion）理论，这个理论涉及一个“反向旋转”（counter-rotation）的概念，但亚里士多德并没有把这个理论应用于整个宇宙。

的，那他如何能够旋转？如果他一直在旋转，他又如何能够快乐而平静？

“在这方面，他的学友克塞诺克拉底（Xenocrates）并不比他更聪明。在克塞诺克拉底讨论神性的著作中，我们没有看到任何关于诸神的存在形式的讨论。他说共有八个神，其中五个就是五大行星。他把所有恒星总称为一个神，似乎这个神是通过各部分的混合而组装成的一个单一神。他把太阳作为第七个神，月亮作为第八个神，尽管我们无法理解这些东西如何能以某种方式具有意识。

“本都斯的赫拉克利德（Heraclides of Pontus）属于柏拉图学派的另一支派，他的著作充满了幼稚的神话。首先他说心灵是神，然后说整个宇宙是神。他把神性归于行星，从而否定了有意识的神而赋予他一种可变的形象。在同一本书中他还把大地和天空也列入诸神的行列。

“塞奥弗拉斯特（Theophrastus）也是令人无法忍受地前后矛盾。他首先把心灵称作神，然后又把天空称作神，然后将行星和恒星称作神。

“我们不必太留意他的学生斯特拉托（Strato），这个所谓的自然科学家认为所有的神力都只能在自然中寻觅。神力确实可以提供生成、生长和死亡的力，但缺乏任何具体的形式或有意识的目的。

XIV

“而芝诺（Zeno），巴尔布斯，现在我提到了你们学派的人，他认为我们可以在自然法则中找到神。自然法则是强有力的，可以实施正义和禁止过犯。但一个人怎能将生命归为法则呢？无人能够理解这种说法。神必定是一个活生生的神！然后在另一处，他把以太(the aether)等同于神。但同样，我们怎么能够把无意识的以太当作神呢？它从来没有出现在我们的祈祷中，也没有在我们期待和宣誓时与我们相会。在其他著作中，他指出这个神圣的权能可以在一个遍布于整个自然的理性法则中找到。他把这种权能归属于星辰，甚至归属于年和月，以及变化的季节。赫西奥德(Hesiod)的《神谱》(*Theogony*)涉及诸神的起源问题，芝诺在对《神谱》的解释中无视所有我们关于诸神的天生的和获得的信念，并从诸神中驱逐了朱比特(Jupiter)、朱诺(Juno)、维斯太(Vesta)以及所有这一类神，认为它们只不过是一些赋予无声的、无生命的力的象征性名称而已。

“他的学生阿里斯托(Aristo)的观点同样是错误的，他认为我们不能理解神的形式，从而否定了诸神具有有意识的生命。事实上他根本怀疑神是一个有生命的存在者。

“芝诺的另一个学生克莱安塞斯(Cleanthes)说宇宙本身就是神，然后把这个名称给予激活了整个自然的心灵和精神。最后，他在环绕高空之气的火中发现了我们称之为以太的伟大主神，因为它既是最深者也是最高者，从四面八方围绕着万物。

“克莱安塞斯在他为反对追求快乐而写的那些著作中变得近乎荒唐，因为在这些书中，他首先设想诸神具有某种形象和可见的外观；然后，他把整个神圣权能归于星辰；最后得出结论说没有什么能比理性本身更神圣的了。

“因此，所有这些人的著作都表明，我们用理智去认识的、我们希望在我们的灵魂中留下其印迹的那个神彻底消失了。

XV

“培尔赛俄斯（Persaeus）是这位芝诺的另一个学生，他说，那些为提高我们的生活而作出重要发现的人被人们当作神；甚至有用的和有益的发明也被当作神。因此，他实际上是在说，这些东西不仅仅是诸神的创造物，而且它们自己就是神。但是，世上还有什么事情比把神的荣耀等同于我们自己卑贱而丑陋的发明，或把死人列入诸神的行列，从而使宗教成为一种永远的哀号更加荒唐吗？

“然后是克律西波斯（Chrysippus），他被认为是对这些斯多亚主义的幻想的最巧妙的阐释者。他收集了大量的未识之神，而实际上，我们甚至无法设想这些神是什么样的存在者，尽管人的想象力几乎可以在思想中设想任何事物。他断言从理性中，从渗透整个宇宙的心灵和意识中，可以看到神力的存在。他说，宇宙本身事实上就是神，或者是神灵的一种流溢。他又谈到宇宙的统治就是一种理性的智力的运作和一种包容一切的宇宙共性的运作。他还谈到命运的力量和前定的未来；而在别处他又回到我们前面已经讲过的火和高空的气。然后他又继续神化自然界的流动变化，神化水、土、气、太阳、月亮、星辰，以及包含所有这些部分的宇宙本身，甚至神化那些拥有不朽的人。他还指出，当我们谈论朱比特的时候，我们指的是以太；当我们谈论刻瑞斯（Ceres）的时候，我们指的是大地，其他诸神的名称也相同。然后他把朱比特等同为永恒的力量和指引我们的生活和努力方向的不变的法则。他进一步认为，这种法则就是命运的必然性，就是对一切即将到来之物的永远的前定。但所有这些似乎都没有表达出神之权能。在他的第一部专著《论神性》(*On the Nature of the Gods*)里你会发现所有这些论述。在第二部书里，他试图调和俄耳甫斯(Orpheus)、穆赛乌斯(Musaeus)、赫西奥德(Hesiod)和荷马(Homen)的叙述与他在第一部书里的叙述。这样，我们的大多数古代诗人都被不知不觉地改造成了斯多亚主义者，而他们可能从未想到过这种事！巴比伦的第欧根尼(Diogenes of Babylon)继承了这种做法，在《密涅瓦》(*Minerva*)一书中，他把朱比特的故事与贞女的生育一节分开，并完全用自然科学的术语来解释这个故事。

XVI

“到此为止，我一直在对哲学家们的各种观点作一般性的探讨，而没有提到他们那些疯子般的幻想。这些观点荒唐得近乎诗人的毒蜜，它们向我们指出诸神如何怒发冲冠，意欲疯狂，还让我们看到诸神间的战争和纷争、暴力和伤害、仇恨、口角、争吵，他们的降生、死亡，还有他们的抱怨和悲痛，他们的欲望演变为种种暴行、通奸、囚虏，以及与人类的交媾，从而使得凡人有了诸神作为父母。在这些诗人们的虚构之外，我们还可以加上巫师的奇迹以及埃及人的类似的狂妄，更不必说大众的迷信了，这些东西都源于对真理的无知。

“任何承认这些信念的草率而愚蠢的人都应该尊敬伊壁鸠鲁，

把他列为我们正在讨论其本性的那些神圣存在者之一。[①] 只有他说，诸神必然存在，因为自然自身已经将诸神的观念刻在每个人的心灵中。难道会有哪个人种或哪个民族对诸神没有某种天生的看法？伊壁鸠鲁把这种天生的内在观念称为'先觉'(prolepsis)，即植根于心灵中的知识的确定形式，没有这种内在的知识就不可能有其他知识，也没有理性的思想或论证。从他那部受神灵激励而创作的著作《论准则》(*The Standard of Judgement*)中我们可以看到这种教义的力量和价值。

XVII

"这样，你们看到，我们已经铺砌好了追问的基石。这可不是某个权威人士给我们开出的一个信念，不是律法或习惯，而是通过一系列可靠而连续的考察而得来的信念，即我们必须承认诸神的存在，因为这种知识是我们与生俱来的。一种因此本性而得到普遍赞同的观念肯定是正确的。我们必须承认诸神的存在。这一点确实不仅被哲学家们普遍认可，而且也为普通人所接受，因此我们不妨把这种观念当作我们一个得到普遍赞同的'内在的观念'(如我所称谓的)，或者当作一种关于神的先在的知识。新的观念需要新的术语，正如伊壁鸠鲁称这内在观念为先觉，这个术语以前从来没有在这种意义上使用过。这个内在观念也使我们想到诸神是快

① 罗马诗人卢克莱修(Lucretius)把伊壁鸠鲁当作一位神。他说："他是一位神，确实是一位神，……他第一个发现了现在被称为哲学的生活准则。"见卢克莱修，《论自然》(*De Rerum Natura*，R.E. Latham 译，Penguin Classics)，第五卷第8句。

乐和不朽的。使我们拥有关于诸神存在的知识的同一自然也在我们的心灵中刻上了他们是幸福的和不朽的这样一种信念。如果真是这样，那么伊壁鸠鲁的著名格言就是对的，他说：'凡是幸福者和不灭者，自身既无烦恼，也不使任何他物烦恼；因之也不受愤怒和偏爱之情拘束，因为这些情感只存在于弱者中。'*

"如果我们的目的只是寻求对诸神的虔诚的敬仰，并使我们自己不再迷信，那么我已经说得够多了。如果诸神被认可为幸福的和不朽的，那么高贵的诸神将受到人们的尊敬和崇拜，因此每一种卓越都会激发出相应的尊敬。一旦我们明白了没有任何事物能够激起神圣而不朽的存在的愤怒或影响它，那么我们也就会消除对诸神的权能和愤怒所抱的所有恐惧。当这些恐惧都消失了，还有什么东西能使我们畏惧来自上天的力量呢？

"为了进一步坚定这些信念，我们的心灵还要知道诸神的形象和形式，它们的生活方式，以及它们的思想和它们的心灵的运动。

XVIII

"在本性的驱使和理性的引导下，我们会知道诸神的形象和形式。根据本性的驱使，每个种族的人都只能明白具有人形的诸神。不管是醒着或睡着的时候，诸神还曾以其他形象向我们显现过吗？但是我们不需要完全依靠这种本能的观念，理性本身也会引导我们达到同样的结论。最卓越的、快乐而不朽的存在应当也是最美

* 伊壁鸠鲁格言第 1 条，译文见北京大学哲学系外国哲学史教研室编译，《古希腊罗马哲学》，三联书店，1957 年版，页 343。——译者

的，这样说是恰当的；还会有什么样的肢体的构造和性质的和谐，还会有什么样的形象和形式比人的更美？卢齐利乌斯，你们斯多亚主义者不像我们的朋友科塔那样左右摇摆，你们斯多亚学派习惯于通过解释人形的一切是如何适宜于我们的使用和快乐的，由此证明造物主的高明。既然人的形象比其他所有有生命的存在者都要优秀，而诸神也是有生命的存在，那么诸神的形象和形式也必然是最美的。因为我们全都认为诸神是快乐的，而没有美德就没有快乐；没有理性就没有美德；理性只与人的形式有关；因此结论必定是，诸神拥有人的形象。这种形象不是躯体，而是类似于躯体的东西，它没有血液，但有某种类似于血液的东西。

XIX

“伊壁鸠鲁深刻而又精致地解释了这种并非人人都能理解的思想。不过，我会依据你们的智力对它作出更为概括的解释，而不是作详细的论证。

“伊壁鸠鲁凭藉着他的理性，不仅看到了而且几乎紧紧把握住了这个模糊的、被深深遮蔽着的真理。这一真理教导我们，我们必须用理智而不是用感觉去把握诸神的活生生的本质。尽管它们是有形体的实在，但不是可数的物体，而是能在转瞬即逝的相似物中捕捉到的影像。因为有无限多种近乎相同的影像不断地从无数的原子中产生，并从诸神涌向我们，[①]所以我们应该愉快地用我们转

① 影像的涌动是个模糊的观念，不过它似乎类似于现代术语中的静止影像连续投映在屏幕上造成一个活动的画面。

换着的心灵和理性去把握这些影像,从而理解这些神圣而永恒的存在的本性。

“事实上,万物中最值得我们深入持久地思考的力量就是无限者的伟大权能。我们必须明白,正是无限者的本性产生了万物中的平等而普遍的对应。这就是伊壁鸠鲁说的 isonomia,即平等分配的法则。根据这个法则,既然有这么多的可朽的存在,那么也一定有同样多的不朽的神存在;如果破坏的力量是无数的,那么保存的权能也是无限的。

“巴尔布斯,你喜欢问我们,诸神的生活方式是什么?它们如何消磨时间?它们的生活显然是一种我们所能想象的最快乐的生活,是拥有所有美好事物的最丰富多彩的生活。神没有理由要去做事,它不会涉及任何活动,它也不从事任何劳作,它只为自己的智慧和神圣而感到喜悦,他拥有完美的确定性和永恒的福祉。

XX

“我们刚说过,神圣的存在是一个快乐的存在者,而你们却让他卷入各种烦恼。如果神和宇宙是同一的,那么在存在方式上,还有比以不可思议的速度不断绕着世界之轴旋转更缺乏安宁的方式吗?这样的神根本不可能有任何快乐。又假定神居住在宇宙之中并作为宇宙的统治者和管理者,主宰着星辰的轨道、季节的变化,以及各种自然事物的变迁,俯视大地和海洋,保护人类的生命和财产,那么他必然置身于各种各样劳心和劳力的事务之中。而我们已经将快乐的生活定义为心灵的安宁和远离所有烦恼。

“我们的大师教导我们，世界的产生是一个自然过程，不需要任何造物主；而你们却说只有神的智慧才能影响这个过程，而实际上，这个过程如此轻易就形成了，自然过去创造了世界，现在也正在创造世界，将来也会创造世界，没有尽头。由于看不到在没有心灵介入的情况下自然是如何创造世界的，所以你们就以悲剧家们为榜样，求助于神的介入来理顺错综复杂的故事情节。[①] 你们只要想想无边无际的空间在任何方向都是无限的，你们就不会再需要这样一个神的工作了。心灵可以在思想时走得很远很广，但永远找不到它可以休息的地方。在这个长宽高均为无限的空间里游弋着无数原子的无限的力。尽管它们在真空中运动，但它们之间却有着内在联系，相互吸引使它们联结起来。由此创造出所有自然的形象和形式，而你们却认为只有某个神圣的工匠用他的铁砧和吼声才能创造出来！因此你们把我们的心灵和某个永恒的最高统治者混淆了，并且日夜对着这个最高者诚惶诚恐。面对一个能预见一切、沉思一切、留意一切的神，一个把一切都当作自己事务的神，一个好奇的神，一个爱管一切闲事的神，有谁能够不害怕呢？

“因此，你们的先定观念产生了。根据这个观念，你们指出每一事件都必然服从永恒的法则和因果性的链条。然而认可一种把一切都归属于命运的力量的哲学对我们有什么好处呢？这是一种只对老妇女和无知者有价值的哲学！其次就是你们祈求预言的祭

---

① 有希腊谚语作 deus ex machina（发明之神），这个神经常在希腊悲剧的结尾处出现，以解开戈尔迪打的难解的结（Gordian knot）。

仪，如果我们听从你们的话，我们将会深深地陷入迷信，以至于对占卜者、先知、预言家，以及每一个能为我们释梦的江湖庸医充满敬意。

“伊壁鸠鲁把我们从这些恐惧中拯救出来，恢复了我们的自由，因此我们对诸神不再惧怕，我们知道它们既没有为自己设置不幸，也不想把不幸带给他人。因此，我们敬畏和崇拜的是它们的神圣的完美性。

“出于对这个问题过分的热情，我恐怕扯得太远了，但对一个如此宏大又如此高尚的主题，在没有解释清楚之前，我是不可能弃之不管的，尽管我确实应该听听他人的意见而不是只顾自己发言。”

XXI

“好了，威莱乌斯，”科塔带着他惯有的礼貌说，“如果你没有作这番发言，我自己也肯定无话可说。我属于那种能够比较容易发现为什么错而不是为什么对的人。在我聆听你刚刚发表的宏论时也是这样。你会问我，我对神性怎么看？也许我会回答说，我没有任何看法。你还会问我是否接受你提出的观点。如果这样，我必须说，我根本不能接受这些观点。

“在检验你的论证之前，让我首先表达我对你的私人感情。你的朋友克拉苏斯(Lucius Crassus)经常告诉我，他丝毫也不怀疑你是伊壁鸠鲁哲学在罗马的最好阐释者，希腊人中也没有几个能与你相媲美。因为我注意到他对你具有非同寻常的情感，所以我想，他的偏爱使他的赞美带有一定的夸张成分。但现在，尽管这样做很勉强，为了你的面子我还是要赞扬你。我得说，你已经对一个最困难、最模糊的问题为我们作出了最清晰的阐释。你不但大量引用了你的权威们的话，而且也展示了你们学派中并不常见的优雅的风范。

“在雅典时，我经常聆听芝诺的演讲，我们善良的斐罗习惯于称他为伊壁鸠鲁学派的标准掌门人。* 事实上正是斐罗建议我去听芝诺演讲的。如果我听了伊壁鸠鲁学派的掌门人自己的阐述，我就能够更好地作出判断，怎样才能更加有力地驳斥他们的观点。我相信这也是斐罗的意思。芝诺的讲演与大多数人不一样，但与你的讲演一样清晰，激动人心，而且富有特色。我在听你说话时的感受与我听芝诺演讲时常有的感受是一样的。我几乎感到愤怒，请你原谅，一个拥有如此智力的人竟然相信这些在我看来不但不负责任而且简直荒唐透顶的观点。这倒不是说我自己想要提出什么更好的理论。因为，如上所述，对几乎所有问题，尤其是对自然哲学问题，我比较善于指出错误而不善于道出真理。

XXII

“因此，如果你问我什么是神圣存在的本质和特性，我就得求助于专家西摩尼得斯(Simonides)。当僭主希厄洛(Hiero)向他提

---

* 此处的芝诺是伊壁鸠鲁学派的芝诺，不是埃利亚学派的芝诺或斯多亚学派的创建者芝诺。——译者

出这个问题时,他请求给他一天时间的宽限来思考。第二天当希厄洛又问他时,他请求再宽限两天。当他还在考虑到底要求宽限多少天时,希厄洛感到奇怪并问他为什么请求越来越多的时间。‘因为我越沉思你的问题,’他说,‘我就越无法回答。’西摩尼得斯不但是一个令人愉快的诗人,而且据说是一个在各方面都很有智慧并且知识丰富的人。因此我推测他想到了许多敏感而又隐晦的答案,以至于不能决定哪个答案最接近真理,而对完全达到真理近乎绝望。

“但你们的伊壁鸠鲁,我宁愿与他讨论而不是与你讨论,从来没有说过有什么东西可以成为常识,更不用说哲学了。

“关于诸神的本性这个主题,第一个问题是:诸神存在还是不存在?你会说,很难否定它们的存在。即使在公众集会上讨论这个问题,我也会赞成你的观点,而在这种私下讨论的场合中,就更容易这样做了。我现在担任着一个宗教公职,我认为公众的宗教礼拜和仪式应该得以恭敬地实行;因此在这个首要问题上我肯定希望诸神存在,作为一桩事实而不是作为一种信仰。我承认,关于这个问题也有许多疑点让我困惑,因此我常常怀疑它们是否确实存在。但我将与你殊途同归。我不会攻击你的诸如此类的论断,在这些论断上你与其他哲学流派是一致的。包括我自己在内,几乎所有哲学都认为诸神是存在的。我不再争论神是否存在这个问题,但是我要对你用了大量材料加以论证的这一观点的说服力提出挑战。

XXIII

“你说所有种族和民族都信仰诸神足以证明诸神的存在。但这种论据是错误的、肤浅的。首先，你怎么能知道全人类的观点？我认为有许多野蛮的原始人根本就没有诸神的观念。无神论者狄亚戈拉斯以及在他之后的塞奥多洛都公然否认神的存在，那又怎么讲呢？还有，你刚才提到过的那个当时最伟大的预言家，阿布德拉的普罗泰戈拉，他在一部书的导论中写道，他不能断定诸神是否存在。因此，他遭到公众裁决，被驱逐出雅典城和雅典的国土，他的著作被当众烧毁。我想，当人们从他的遭遇中看到，连不可知论都不能逃脱这样的迫害，那么他们就更不愿意发表此类意见了。还有偷盗神殿者、亵渎神圣者和作伪证者呢？如卢齐利乌斯所说，‘如果土布卢斯（Lucius Tubulus），或者卢普斯（Lupus）、卡尔玻（Carbo），或尼普顿（Neptune）的某个这样的儿子[①]相信诸神的存在，他们还会成为这样的撒谎者、这样的浪荡子吗？’

“所以这个论据并不像你所说的那样具有牢固的基础，能够证明你想要证明的东西。但是由于其他哲学也在使用这个论据，所以现在我暂且把它放在一边，而去考察你自己的那些观点。我暂且同意诸神是存在的。那么请你告诉我它们来自何处，在哪里，它们的躯体、理智和生活方式是什么？这些都是我想要知道的。你对每个问题的回答都诉诸权能和原子的作用。据此你勾勒了整个

① “尼普顿的儿子”是当时的一个俚语，意思是“一位粗鲁的顾客”。

被创造的世界。但是，首先，这些原子是不存在的。一个没有体积的事物就是虚无。其次，整个空间充满了物体，因此不可能存在虚空和个别的原子。

XXIV

"在这里我只是在宣布物理学家的圣谕，至于我自己，我不知道它们是真是假，不过至少比你的说法看起来更有道理。我在想，比如，德谟克利特的谬论，或是他的老师留基伯(Leucippus)的谬论不是这样吗？它们使我们只相信微小的粒子，有的粗糙，有的圆润，有的是圆形的，有的是角形的，有些是弯曲的，有的就像一把钩子，从这些粒子中产生出天空和大地，不是由于任何自然的力量，而只是由于这些粒子的偶然碰撞！而你，威莱乌斯，一生都抱住这种理论不放。事实上我相信，劝你改变你的整个生活方式比劝你放弃这种教条要容易得多。你在远未了解伊壁鸠鲁学派的思想前就已经决定要成为一个伊壁鸠鲁主义者了。因此你没有作选择，而是强迫你的理智去接受这种怪论，否则你就得宣布彻底放弃成为一个伊壁鸠鲁主义者的愿望。不做伊壁鸠鲁者你会付出什么代价呢？我知道你会说：'不能以放弃真理为代价，它已经向我显示了通向心灵安宁的道路。'你把这种胡言乱语称为真理吗？我不想跟你争论'心灵的安宁'，你甚至不会把这种品质赋予神，除非神明显地处于闲散之中。但是你所谓的'真理'到底是什么？就是无数宇宙中的不断产生和死亡吗？就是那些在没有任何本性或理性的指导下就创造了这些神奇作品的、分散的颗粒吗？

“我扯得太远了，忘了刚刚答应的要与你随和地对话。为了讨论方便起见，我暂且承认万物是由原子构成的。但这样就能帮助我们解决诸神的本性问题吗？不妨设想诸神也是由原子构成的。如果是这样的话，那么它们就不是永恒的了。因为，由原子构成的任何事物都必然在某个时间成为存在者。如果这样，那么必然有一个没有诸神的时间，因为那时他们还未进入存在。

“如果诸神有一个开端，那么他们必然也有终结，正如你自己刚才谈到的柏拉图的宇宙一样。因此，它们怎么能够享有你视为神性之基石的永恒快乐呢？为了逃避这种两难境地，你偷偷地要起了诡辩论的把戏，说什么神没有躯体但有类似于躯体的东西，没有血液但有类似于血液的东西。

XXV

“当你企图回避批评某个完全不可信的论点时，你就用这种你最喜欢的把戏把问题引向另一个完全不可能的论点，尽管此时你最好还是承认分歧点而不是提出如此荒唐的辩护。伊壁鸠鲁自己也常常这么做。比如，他看到，如果他的那些原子总是由于重量而向下降落，那么它们的运动就是固定的和预先决定的，这样，世界上就没有自由意志存在的空间了。为了寻找一种方法以避免这种德谟克利特显然忽视了的决定论，他就说当那些原子降落时，它们正好弯曲了一点点！他提出这样一个论点简直比放弃他原来的那个假设还要糟糕。他在论证时也同样使用了逻辑学家们的思路：传统逻辑认为，在每一个选言命题‘X 或者是……，或者不是……’中，两个选言中必有一真。他担心，如果他承认这类事物，那么在诸如‘明天伊壁鸠鲁将活着或者将死去’之类的命题中，一种说法或另一种说法会成为一个必然的真理。为了避免这种情况，他否定选言命题中存在任何逻辑必然性。这是多么愚蠢的话！阿尔凯西拉斯常常批评芝诺，因为阿尔凯西拉斯认为，通过我们的感官所感知的知识都是错的，而芝诺则认为只有某些感觉是错的，其他的感觉都是真的。但伊壁鸠鲁担心，如果我们有任何一个感觉是错误的，那么就不可能有任何感觉是真的，因此他断言，我们的所有感觉都始终是‘真理的报道者’。所有这样的论证都欠周详。他原想躲开轻轻的一击，结果却遭到重重的一拳。然而在诸神的本性问题上，他仍旧一如既往。他企图避免说出诸神是由物质的部分组成的，因为若是这样，那么它们必然容易死亡和腐烂。因此他否认它们拥有躯体，但又赋予它们某种类似躯体的东西；否认它们有血液，却又赋予它们某种类似血液的东西。

XXVI

“伽托(Cato)曾经说过，令他感到奇怪的是，当一个占卜者遇到另一个占卜者时，他如何还能一本正经。令我感到更加奇怪的是，你们这些伊壁鸠鲁主义者如何能够相互之间一本正经。你说，‘它不是躯体，但它类似一个躯体。’如果你谈论的是印在蜡板或泥板上的影像，那么我还能品出一点意味来。但我们正在谈论的是诸神，所以我不知道你讲的‘不是躯体但类似躯体’或‘不是血液但类似血液’是什么意思。威莱乌斯，你也不会比我知道得更多；但你不会承认这一点。相反,你模仿着你们的导师的声音,列举着他的所有梦幻般的念头,来哄骗我们。

“在伊壁鸠鲁自己的作品中,他夸耀说他自己从来没有过导师。即使他本人没有这样说过,我也非常相信这一点。就像一位房子的主人自诩说,他没有雇佣一个建筑师就建成了那所房子,而这所房子实际上是粗制滥造而成的。伊壁鸠鲁没有从学园派或吕克昂(Lyceum)的亚里士多德学派那里学到任何东西,甚至连这些学校的学生都知道的哲学基本知识都不懂。他应该跟随过克塞诺克拉底。这是一位怎样的导师!有人认为他跟随过克塞诺克拉底,但他自己矢口否认,实际上他应该知道的!他确实说过,当他住在萨摩斯(Samos)的时候曾听过柏拉图的一个学生帕菲鲁斯(Pamphilus)的讲座。他当时还是个年轻人,与他的父亲和兄弟们一起,他的父亲涅俄克勒斯(Neocles)作为一个殖民团体的成员定居在那里。当他还没有什么财产,因而还不能过一种体面生活的时候,我相信他还主持过一个学派。然而伊壁鸠鲁极其鄙视作为柏拉图的学生的帕菲鲁斯,在这一点上他显示出一贯的焦虑,绝不向任何人学习任何东西。看看他如何对待德谟克利特的一个学生瑙西芬尼(Nausiphanes)就知道了。他不否认自己听过瑙西芬尼的讲演,但却想尽办法诽谤他。除了从学者德谟克利特那儿获得的知识之外,他难道还得到过其他什么指点吗?他自己的哲学还有什么不是源自德谟克利特的呢?原子、虚空、影像、无限的空间、无数的宇宙,它们的产生和灭亡,以及实际上贯穿整个自然哲学领域的内容,即使他引进了某些变化,诸如我刚才提到过的原子在运动过程中的偏离。

“请告诉我:你知道伊壁鸠鲁说的不同于躯体的这个躯体和不是血液的这种血液是什么意思吗?我很愿意承认在这一点上你比我知道得多。但是当一种观念被表述出来时,为什么威莱乌斯能够理解而科塔却不能呢?我当然明白躯体是什么,血液又是什么。但我理解不了类似躯体却不是躯体或类似血液却不是血液的东西是什么。你该不是故意让我迷惑不解吧,就如毕达戈拉斯常常对不熟悉某种特定情况的人所做的那样,或者故意在说谜语,如赫拉克利特(Heraclitus)。但事实是,在朋友中可以讲真话,你并不比我更能理解这些话的意思。

XXVII

“在我看来,你认为诸神具有一种确定的躯体形式,但这种形式不包含物质成分,不是固体,无法定义,不可辨明,而是纯粹的、非实体的、完全透明的。这些话曾有人用来描述著名的科斯岛的维纳斯(Venus of Cos),一种很像肉与血的东西。因为那白里透红的脸庞虽然不是真实的,却具有类似真实事物的外形。因此,伊壁鸠鲁的诸神必定只是似乎存在而实际上并不存在。

“让我们假定,我已经信服了一个我还不能理解的论证。那么请你告诉我:你们的这些影子神具有什么形式和特点。在这一点上,你不会不知所措,你可能希望通过这种论证说服我们相信诸神具有人的形象。首先,你说当一个人思考神的时候,他的心灵具有一种固有倾向,会把它想象成人的形象。其次,因为神性分有各种完美,所以它必定也具有最美的形式,而最美的形式莫过于人的形式了。第三，理性不可能居于其他任何形式之中。

“让我们来逐个考察这些论证并看看结果会怎样吧。你似乎向我展示了某种不证自明的，但实际上却在任何方面都是不可能的东西。难道所有研究这些问题的人都如此无知，竟然看不到这些人形被转移给诸神，或者是智者们蓄意把民众的心灵从恶的道路转向对神的敬畏，或者是通过迷信创造出虚幻形体，把它们作为神的活生生的显现来敬畏吗？

“诗人、画家，以及偶像制造者们不断促进着这种倾向，因为诸神很难在生活和行为中以任何其他外形显现。无疑，我们也不得不承认人类有把自己设想为最高贵的生物这种偏见。但是作为一个自然哲学的研究者，你肯定能够看到，自然是一个多么有趣的安排者，她能够利用自己的魅力来要弄拉皮条者。难道你相信陆上或水中的生物都不在自己的同类中找到最大的快乐？若非如此，为什么一头公牛不去找一头骡子寻乐，或一匹种马去找一头奶牛寻乐？难道你会认为老鹰、狮子、海豚更愿意拥有另一种形象？同样，如果是自然规定了人类不能认为任何其他形象比自己的更美，这种说法不是很奇怪吗？我想，这就是为什么我们认为诸神与人类相似的原因。如果禽兽能够讲话①，难道你不认为它们会把优美的棕榈叶颁给同类？

“坦率地说，尽管我内心对自己很自信，但我仍不敢说我比那头远足欧洲的、令人吃惊的公牛更漂亮。我们并不是在这里谈论人的理智或言说的能力，而是讨论形象和形式问题。如果我们要

① 此处拉丁原文为 ratio（理智），作 oratio（讲话、演讲）解。

想象并勾画出形象和形式，那么你肯定不喜欢那个海洋生物特里同（Triton），他被描绘成人身鱼尾，一直在海中游弋。①

XXVIII

“我现在走向深处了。我们的本能偏见是如此强大，以至于没有人希望放弃他的人的形象。无疑蚂蚁也会有同感。我们所讲的人的形象是什么呢？有多少人是英俊的？当我在雅典时，看到那里有许多年轻人，但没有一个英俊的样本。你可能会觉得好笑，但我说的是真的。如果我们喜欢年轻人，那么正如古代哲学家们所说的，即使他们的缺点也具有魅力。阿尔开乌斯（Alcaeus）被一个男孩子的手指头上的一颗痣吸引，尽管痣对躯体来说是一个瑕疵，但对他来说则是一种点缀。卡图卢斯（Quintus Catulus），我们同事的父亲和朋友，挚爱着洛司基乌斯（Roscius），你的同乡。你可能还记得他写的诗句：‘我伫立着迎接太阳的升起，突然洛司基乌斯出现在我的左边；原谅我，天国的神，我要说，这个人对我来说比神更美。’你看，对卡图卢斯来说，这个洛司基乌斯竟比神还要美。事实上，他当时和现在一样有糟糕的斜眼病。但这又有什么关系呢？对卡图卢斯来说，这只是增添了魅力而已。

---

① 阿波罗尼乌斯（Apollonius Rhodius）这样描述特里同：“神的躯体，前胸后背，从头顶到腰和腹部完全像人；而从臀部以下则是一个海洋怪物，有两条长长的尾巴，每一条尾巴末梢有一对弯曲的、状如新月的倒钩。”见《阿耳弋英雄远征记》（*The Voyage of Argo*，E V. Rien 译，Penguin Classics），第四卷第 1610 行。

XXIX

"让我们再回到诸神的问题上来。即使某些神并不斜眼,我们不是也会把它们想象成有点斜视吗?或者把有些神想象成长了一颗痣?以及有些是狮子鼻,有些是招风耳,有些浓眉,有些大头,就像我们许多人那样?或是因为有了这些特点而变得完美了?让我们假定是这样。那么诸神是一模一样的吗?如果不是,那么总有一个比另一个更美。这样,并非每一个神都具有最完全的美。如果它们都相似,那么学园派必定在天国盛行,因为,如果神与神之间没有区别,那么就不需要指明哪个是哪个,或哪个怎么样了!

"有没有这种可能,威莱乌斯,在想象诸神时,我们只能把它们想象成人的形态这种观点并非全对?难道你真的必须维护所有这些谬论吗?我们罗马人可能会像你所说的那样去想象。从孩提时代起我们就知道朱比特、朱诺、密涅瓦(Minerva)、尼普顿、伏尔甘(Vulcan)、阿波罗(Apollo)以及其他神,画家和雕塑家不但喜欢把它们表现为一定的形式,而且要显示各自的装饰、年龄和服饰。但埃及人、叙利亚人,以及几乎所有其他外族人都不是这样想象诸神的。你会发现,与我们关于诸神的最神圣的形象和我们在圣殿里的虔诚相比,他们更坚决地信奉某种动物。因为我们看到,许多圣龛被我们自己人破坏了,许多神像甚至被从最神圣的地方偷走了。但没有听到过鳄鱼、朱鹭*、猫遭到埃及人的攻击。因此难道

* 古埃及人的灵鸟。——译者

你不认为埃及人的神牛阿彼斯(Apis)对他们来说就是一个神吗?我敢说,这与你们本地的救世主神朱诺对你的意义是一样的,而你们这个神,你从来没有看到过她不穿羊皮袍子,不带矛,不带盾以及不在翘起的脚趾头上套上拖鞋的模样,没有,甚至在梦中也没有!但在阿果斯(Argos)或在罗马她却不是以这种形象出现的。因此可以说,朱诺对阿果斯人是一种形象,对你们拉努维乌姆(Lanuvium)人是另一种形象,对我们罗马人又是另一种形象。同样,朱比特对我们来说就是在朱比特神庙里的样子,而对非洲人来说就是阿蒙神(Ammon)的样子。

XXX

"作为一个自然科学家,一个自然的观察者和探索者,却到日常信念中去寻求真理标准,你难道不感到羞愧吗?基于这种标准,你会断言朱比特长着胡子,阿波罗没长胡子,密涅瓦长着灰眼睛,尼普顿长着蓝眼睛。我们还赞美阿尔卡美涅斯(Alcamenes)[①]在雅典雕刻的伏尔甘雕像,从它身上我们看到穿着衣服的站立着的神,他的跛足恰恰暗示着没有任何畸形。于是,如果我们接受这种模样,我们就有了一个跛足的神。还有,我们要规定诸神具有我们赋予他们的名字吗?但这意味着有多少种语言就有多少个名字。威莱乌斯,你无论到哪儿都叫威莱乌斯,但伏尔甘在意大利、在非

① 阿尔卡美涅斯是伟大的雅典雕刻家,鼎盛年约为公元前 444 年—公元前 400 年,菲狄亚斯(Phidias)最有名的学生。

洲、在西班牙的名字却是各不相同的。即使在我们的宗教书籍中，神的名字也是有限的；但根据你的观点，诸神的名字却是无限的。或者有些神没有名字？但事实上，这应该是你所坚持的观点；因为如果他们看起来都是一样的，为什么得有不同的名字呢？威莱乌斯，你应该承认你对你这些事物的无知，而不该滔滔不绝地讲述这些你自己也会觉得不舒服的废话，这样不是更好吗？难道你真的认为神看上去会像我或像你吗？事实上，你并不知道。

“我能说太阳、月亮或天空就是神吗？如果它们都是神，那么它们肯定很快乐。但是它们到底享有什么快乐？它们也肯定很聪明，但智慧如何能够居于这些无肢体的存在物中呢？这可是你自己的观点。如我前述，如果诸神不具有人的形象，如果你相信它们也不可能具有其他形象，那么你为什么还要犹豫，而不立即否定它们的存在？事实是，你不敢这样做。即使这里没有你顾虑的人而只有诸神，你也会非常谨慎。我本人知道，伊壁鸠鲁学派的人都尊敬任何一个神像，尽管我知道有人相信伊壁鸠鲁只是口头上赞美神，以便不冒犯雅典人，而事实上他并不信仰诸神。

XXXI

“在他那本短小的格言集《要义》（*The Basic Principles*）中，我相信，第一条格言是这样的：‘凡是幸福者和不灭者，自身既无烦恼，也不使任何他物烦恼。’由于命题的这种表达形式，有人认为这个头脑简单的人是在故意把话说得很晦涩，而实际上，其所以晦涩是因为他根本不能清楚明白地表达自己。因此我们不知道他是说存在着一个幸福而不灭的存在者呢，还是说如果有这样一个存在者，它就必定会如他所描述的那样。尽管他在这个地方讲得很晦涩，但在其他许多地方，他和梅特罗多洛(Metrodorus)却都同你刚才一样直言不讳，人们一直忽略了这一点。他相信诸神的存在。我从来没有看到过有谁像他那样惧怕死亡和诸神，尽管他说它们不应该是令人恐惧的。他宣称，所有人都会害怕那些在大街上不大会注意的事物。尽管有许多抢劫者在我们眼皮底下被判死刑，但还是有成千上万的抢劫者；他们还在盗窃他们所能发现的庙宇。因此对死的恐惧并不能阻止抢劫，对神的恐惧也不能阻止盗窃！

"'既然你不敢否认神的存在，'我会对伊壁鸠鲁说，'那为什么你又不承认太阳、地球或某个永恒精灵也是神呢？'他会这样回答：'因为除了人的形式，我从来不知道一个理性而理智的灵魂还能存在于其他什么形式之中。''但难道你没有听说过诸如太阳、月亮、五大行星吗？太阳每年完成它的周期性行程，它的运行限定在一条轨道的两个极点之间。月亮被太阳光照亮，用一个月完成它的周期性行程。五大行星也在自己的轨道上运行，有的靠近地球，有的远离地球，并且在各不相同的时间里完成它们的周期性行程。伊壁鸠鲁，难道你真的看到过诸如此类的事物吗？[①] 难道你会因此否认太阳、月亮、星星的存在吗？你能说我们所不能触及、不能看见的东西就是不存在的吗？你真的见到过神吗？如果没有，那么为什么你要相信诸神是存在的呢？因此，让我们抛弃仅靠道听

① 科塔的意思是，根据理论得出的太阳、月亮和行星的运行与我们看到的它们的运行是不一致的。

途说或通过某个新的推理假设所获得的结论吧。但这样做就如同内陆的人应该拒绝相信海洋的存在。你的思维就是如此狭隘，就好比你出生在塞里福斯(Seriphus)，从来没有离开过这片土地，你平时只见过几只兔子和狐狸，于是，当有人向你描述狮子和食肉动物时，你就会拒绝相信它们的存在；如果有人跟你谈论一头大象，你会觉得他是在胡说八道！’

“还有一点我要加以反驳，威莱乌斯。你用了一种对伊壁鸠鲁学派来说很陌生的逻辑推理来论证你的观点。你假设诸神是快乐的。我们也承认这一点。然后你说，若没有善，快乐就是不可能的。

XXXII

“我们同样也很愿意承认这一点。然后你又说，若没有理智，善就不能存在，我们肯定也会表示同意。但是接着你又补充说，‘只有在人的形式中才能有理智。’你认为谁会承认这一点？如果真有人承认这一点，那么你为什么要一步一步地靠近它？你可以把它作为真理直接说出来。我看到你如何从快乐到善，再从善到理智这样从逻辑上一步一步推进，但你又是如何从理智进到人的形式的呢？你所依据的不是推理而是一个俯冲就跳了过来。

“我不明白为什么伊壁鸠鲁要说诸神像人而不是说人像诸神。‘这有什么区别？’你会问。‘因为如果A类似于B，那么B类似于A。’我知道这一点，但我的意思是诸神不可能具有人的形象和形式。诸神总是存在着。它们不在某个时刻出生，所以它们将永远存在。而人在具体时间中出生。因此，根据你的观点，人的形式必然先于人类本身，因为它是不朽的神的形式。这样，与其说诸神的形象是人的，还不如说我们的形象就是神更正确些。你可以同意或不同意这种说法。不过，我接着要问你，如此幸运的机遇是怎样产生的？你否认理智在自然过程中所起的作用。那么这是什么类型的偶然？多么幸运的一次原子碰撞，人竟然从中突然以神的形象出现了！我们能设想诸神的精子从天国落到地上，从而产生了具有其父外表的人类？我希望你会这样解释，这样我就会因为得知我竟与神有亲缘关系而兴奋不已的！但是你并没有这样的看法，而是说我们与神的相似是偶然的。难道我们还需要寻找证据反驳这个观点吗？我只是希望发现真理能与暴露这样的谬误同样的容易！

XXXIII

“你已经向我们完整地阐述了从米利都的泰勒斯开始的所有哲学家在诸神的本性问题上的见解。我吃惊地发现，在一个罗马人那儿也有这样的叙述。然而，难道你真的相信那些认为没有手脚的神圣存在者也可以存在的哲学家都是疯子吗？当你在思考人的四肢是如何有用、如何适宜时，难道不会得出诸神不需要四肢的结论？对一个不走路的人来说脚有什么用？对一个不工作的人来说手有什么用？我可以列举躯体的所有其他器官，这些器官在躯体上没有一个是无价值的，没有一个是无效用的，没有一个是多余的，因此，技艺无法再现自然的奥妙。因此，尽管你的神有舌头却不会讲话。他有牙齿、硬腭和下巴，但都没有用处。自然赋予我们躯体的生育器官对神来说也是毫无用处的。那些外部器官是这样，那些内部器官，如心、肺、肝以及其他，也同样如此。无用的器官还有何美可谈？而你却是为了美才使你的神具有人的部分的！

“难道伊壁鸠鲁、梅特罗多洛和赫尔玛库斯(Hermarchus)就是以这种梦呓般的观点来攻击普罗泰戈拉、柏拉图和恩培多克勒，以至于那个小娼妇勒翁提乌姆(Leontium)也竟敢写下批评塞奥弗拉斯特的文章？也许她写得一手好希腊文，但那丝毫不意味着什么……！伊壁鸠鲁学派竟无法无天到如此程度！你们伊壁鸠鲁学派的人是一群棘手的家伙，而芝诺则是一个伟大的讼棍！有必要提到阿尔布齐乌斯(Albucius)吗？斐德罗(Phaedrus)是一个温文尔雅、谦恭有礼的老绅士，但如果我对他批评得太厉害，他也常会大发脾气。伊壁鸠鲁本人却对亚里士多德大肆攻击，还猛烈抨击苏格拉底的学生斐多(Phaedo)。仅仅是因为在一个哲学观点上有点小小的分歧，他就用尽所有的辱骂性语言对付他的同事，梅特罗多洛的兄弟提谟克拉底(Timocrates)。他甚至对他自己的先辈德谟克利特也毫无敬意，也不需要他自己的老师瑙西芬尼，因为他没有从瑙西芬尼那儿学到任何知识。

XXXIV

“芝诺不但诽谤他的同时代人，比如阿波罗多洛(Apollodorus)、西卢斯(Silus)，以及其他人，而且还把哲学之父苏格拉底称为

‘雅典的小丑’，并常常称克律西波斯为克律西帕(Chrysippa)！* 而你，在点名式地考察哲学家时，把某些著名人物称为傻瓜、空想家、疯子。如果这些哲学家都不能发现关于诸神本性的真理，那么诸神是否存在就确实值得怀疑了。你关于诸神所谈论的一切都太过异想天开，甚至连纺纱的老妇人也不会接受！即使你说服了我们相信诸神具有人的形象，你自己却似乎并不知道你到底要追求什么！

“神将不得不与人一样关心它的躯体。它得走路，跑步，躺下。它得弯腰，坐下，抓取事物。它得使用语言讲话。并且如你所说，既有男神也有女神。如果真是这样，那么你会与我一样知道从中可以得出什么样的结论来。事实是，我无论如何都无法想象你的导师伊壁鸠鲁是怎样开始形成这种观念的。

“你不断地重复，要确保神圣的存在者拥有快乐和不朽。如果神不是两足动物，它难道就没有快乐了吗？你用的这两个术语，‘幸福’(blessedness)或‘至福’(beatitude)，都很笨拙，但我们希望在使用过程中它们会变得容易接受些。神(不管它是什么)为什么就不能是地球、太阳，或某个没有形象或躯体的永恒精灵的一个属性？你能说的不过就是，你感觉不到太阳或地球有这种属性。但你也从未看到过这个世界之外的其他世界，不是吗？不然为什么你不断言，比如说，有六十万个世界，而只是说存在着无数个世界！你会说，‘这是理性所需。’那么，难道该理性不也在教导你，如果你正在寻找一个必然具有包括快乐和不朽(这是神所特有的属性)在

* 克律西波斯为男性，而克律西帕为女性，表示轻蔑之意。——译者

内的各种完美的存在，那么这样的存在必定不仅在理性的不朽方面，而且在心灵的优美方面都超过我们人类。既然它在心灵方面优于我们，那么为什么在躯体方面就不是呢？当我们在任何其他方面都劣于这样的存在时，为什么在躯体的形象上却与它相似呢？事实上，与神最接近的不是人的形象，而是人的美德。

XXXV

“让我进一步追问这个论点。还有其他什么事情比否认在红海或印度发现的那些生物的存在更幼稚的事吗？因为，甚至最好奇的探寻者也很可能从未听到过某些陆地、海底、沼泽、江河里的生物。但是，难道因为我们没有看到过就可以否认它们的存在吗？而所谓形象和外在形式相似的观点，尽管你对此自鸣得意，实际上却是与此完全不相干的。难道狗的外表与狐狸不相似？如恩尼乌斯(Ennius)所说，‘我们的形式和形象与猿这种丑陋的动物何其相似’。

“在这两个例子中，尽管它们*之间的外形相似，生活方式却大相径庭。同样，尽管大象是最有灵性的动物，但其外表却也是最丑陋的。但我们为什么要说动物呢？难道我们在人群中找不到外表相似而性格迥异以及性格相似而外表迥异的人吗？即使我们接受你的论证方法，那么，威莱乌斯，看看它将把我们引向何处。你说理性只能存在于人的躯体中。那么另一人可能会说它只能存在

* 指狗与狐狸、人与猿。——译者

于一个世俗的躯体中;一个出生然后成长的躯体,一个需要学习各种技能的躯体,一个由心灵和质料构成的躯体,一个虚弱而短暂的躯体,简言之,只存在于一个必死的躯体中。但如果你拒绝所有这些推论,那又为什么独独关注形象呢?因为凭着我刚才提到的这些属性,你看到的是由理性和理智构成的人。但如果这些属性都被剥夺了,那么你就会宣称可以看到神了,而事实上,剩下的只有一个空洞的轮廓。这不是严肃的论证,而是一种掷骰子般的理论选择!

“也许你甚至不知道这样一个事实,不仅在人身上,甚至在一棵树身上,任何多余无用的部分都是一种损害。如果一个人居然有一个多余的手指,那会多么令人厌恶!五个已经足够了,第六个既不雅观又无用处。而你的诸神中的某个神不但有一个多余的手指,而且还有多余的头、颈、脊椎、肋肉、胃、背、臀、手、脚、腓肠和大腿!如果它是不朽的,这些必死的部分对它的生活有什么用呢?或者要一张腐烂的脸干什么?如果需要什么,它也似乎更应该需要大脑、心、肺和肝,因为这些部分才是有生命的精灵居住的地方,而脸的形状不会影响内在生命的活力。

XXXVI

“你大肆辱骂那些人,他们认为被造物高贵而优美,他们尊敬宇宙本身,尊敬它的每一个部分,尊敬由太阳、月亮、星星点缀而变得精彩的天空,尊敬大地、海洋,他们观察了事物的生长变化和季节的转换,并由此推测,必然存在着高贵而神奇的权能才能创造出这个宇宙,并在各方面统治和引导着宇宙。即使他们的信仰是错误的,人们也能看到他们是在用心灵思考。而在你的哲学中,这些伟大而又神奇的被造物天然地存在着,它们似乎是某个神圣心灵的创造物,从中你就一定能推断出诸神的存在来吗？你说你内心里有一种固有的神的观念。那么这个神是长胡子的朱比特还是戴头盔的密涅瓦？你确实不相信它们以这种形式存在吗？真的,无知的群氓都显得比你更有常识。他们不是只把人的四肢归于诸神,而是同时也让诸神充分利用四肢。他们赋予诸神弓和箭、矛和盾、三叉戟和雷霆。即使他们没有真的看到作战中的诸神,他们也不会把神设想成无所事事的存在者。

“我们嘲笑埃及人,但是他们从来不崇拜对他们没有任何好处的动物。比如朱鹭,这种鸟能消灭大量蛇,因为它们身材高大,具有坚硬的双腿和角状的长喙。它们杀死并吃掉那些与来自西伯利亚沙漠的西北风有关的有翼的蛇,从而保护埃及免遭瘟疫之袭,使埃及人民避免活蛇的螫刺和死蛇的臭味。我还可以谈论姬蜂、鳄鱼和猫的用处,但我不再想令你厌烦。我只是说明外族人只崇拜那些在一定意义上对他们有用的动物。而你的这些神不仅没有带来任何好处,而且根本就是无所事事！伊壁鸠鲁会说:‘但他们没有烦恼。’事实上,他正像一个被溺爱的孩子,认为没有比空闲更好的事了。

XXXVII

“然而,即使是懒散的孩子也以玩游戏来寻乐。难道我们希望我们的这些度假的诸神长期昏睡,以至于担心它们一旦惊醒就会受苦?这个观点不但剥夺了诸神的运动,剥夺了他们的正当活动,而且在人类中鼓励懒惰习性的滋长。这个观点告诉人们,如果他们要去做点什么事,连神也不会高兴的。

"如果我们接受你的理论,认为神有人脸和人形,那会怎样?那么它住在哪里?它的家在何处?它是在哪里被找到的?它的生活方式是什么?你认为它是快乐的,那么它的快乐源于何处?如果存在者是快乐的,它必然要利用和享受它自己专有的东西。甚至自然界无机物都有各自适宜的领域。因此地球有洼地,可能是被雨水浇灌而成的,空气在较高处,发出火光的天体则在最高处。陆地上的动物也有它们不同的住处,有些住在水里,有些是两栖的,或者在水里,或者在岸上。甚至有些生物被认为是出生在火中,燃烧的火炉中常常可以看到它们的移动。[①]

"因此,我首先要问,你的这个神住在哪里?其次,如果它曾经运动的话,那么它是在什么情况下离开它的住所的?最后,它的意图和希望是什么?因为渴求某种适合它们本性的对象是所有生物的共同特点。它出于何种目的而使用它的心灵和理性?它的快乐和不朽由什么构成?这些问题中任何一个都可能打开你的理论中存在的缺口。始于错误前提的论点变成一个后来无法逃避的陷阱。你说过,神圣的形式是由理智而不是由感觉来认识的。这种神圣的形式中没有固体质料,也不栖息在自己的实体中,而是以飞

① 这个陈述源自亚里士多德,《动物之生殖》(*Generation of Animals*),第三卷第9节;《动物志》(*History of Animals*),第五卷第19节。

逝而过的影像呈现，这些影像不断地消失，并被无限的粒子更换。这就是为什么当我们集中注意力观看它们时，它们似乎呈现为一个既是神圣的又是永恒的存在者的原因。

XXXVIII

“但我问你，我们谈论的这些神到底意味着什么？如果它们真的只是我们头脑中的观念，而没有固定的形态或实在的形式，那么想象一个神与想象一个半神半马的怪兽还有什么区别？所有其他哲学家都认为思想的这种创造物只是空洞的想象；而你却说他们是来自虚空而进入我们心灵的真实影像。因此，如果我在朱比特神庙里讲，我的头脑中浮现了一幅格拉克库斯（Tiberius Gracchus）为罢黜屋大维（Marcus Octavius）的执政官职务而进行游说的图景，我会认为这只是一种想象活动；而你则相信，当我在那里时，格拉克库斯和屋大维的真实影像确实已经存在于现场，然后反映到我的头脑中来。[①] 围绕着我们的心灵的神的影像也是如此，由此可以得出结论：诸神享有不朽。

“但是，假使我们的心灵受到这样的影像的光顾，那么至多不过是诸如此类的某个幽灵与我们不期而遇。为什么它就是神圣的？为什么它就是不朽的？你的这些影像到底是什么？它们源于何处？这整个幻想都来自德谟克利特。他已经受到全面的批评，

---

① 拉丁原文 Contionantem 和 Pervenerint 分别读作 Contionans 和 Pervenericm。

而你也难以逃脱这些批评织成的网，因为整个理论已蹒跚不前并跌跌撞撞地走到了它的末路。说荷马、阿尔基洛科斯（Archilochus）、洛摩罗斯（Romulus）、努玛（Numa）、毕达戈拉斯、柏拉图等人的杂乱无章的影像进入我的心灵，还有什么比这种说法更似是而非？更不必说这些影像呈现了这些人的真实面貌了。所以我们要问，它们是如何产生的？它们是谁的影像？亚里士多德告诉我们，诗人俄耳甫斯从未存在过；毕达戈拉斯学派认为所谓《俄耳甫斯颂歌》（*Songs of Orpheus*）的作者是凯尔科培斯（Cercops）。但是，俄耳甫斯（即俄耳甫斯的影像，如你会说的那样）经常在我的心灵中。还有，为什么同一个人的影像在你的心灵中和在我的心灵中不同？为什么我们会有那些从来没有存在过，并且不可能存在的生物的影像，比如斯库拉（Scylla）* 和银蛟（Chimaera）的影像？为什么我们会有那些我们从未见过的人、地方和城市的影像？为什么我可以随意即刻回忆起一个影像？为什么影像在我们的睡梦中也会不期而至呢？

XXXIX

“威莱乌斯，这整个理论都是荒谬的。你不但企图把你们的这些影像塞进我们的眼睛，而且企图塞进我们的心灵。你们重复这些荒诞的故事难道就没有界限吗？你说，飞逝而过的影像有连续性，从而众多的影像弥漫成一片，形成一幅单一的图画。如果我不

* 栖居在锡拉岩礁上攫取船上水手的女妖。——译者

知道你这个提出观点的人自己也不明白其中的意思，那么我会羞于承认自己的无知，我实在不理解你的意思。你怎样证明影像的这种连续性？如果影像前后相继，那么影像又怎么可能是永久的呢？你说，它们在不断更新，因为原子库房里的原子是无穷的。这样就能使一切事物永久了吗？在这里你求助于'对应法则'（如果我们可以在这个意义上理解你的'平等'），并说有一个瞬息万变的世界，必然也有一个永恒的世界。但是人们同样也可以说，有必死之人，必有不朽之人；有降生在陆地的人，也必然有降生于海里的人。你说过：'有一种毁灭的力量，所以必然也有一种保护的力量。'我对此毫无疑问，但是这种力量只能保护存在的事物，而我根本不相信你们的这些神是存在的。

"不管怎样，我们要知道从原子中如何产生出这些诸神[①]的图景？如果原子存在（它们并不存在），它们之间的运动和相互碰撞因而出现混合是很有可能的。但是它们不可能产生形式、形象、颜色和生命本身。因此，你的论证完全失败了，无法造出一个不朽的神来。

XL

"现在让我们来看看快乐。没有美德肯定不可能有快乐。而美德是活动的，你的神则无所事事。因此，神没有美德，他也没有快乐。那么它的生活怎样？你说神的生活是一切善物的盛筵，没

① 拉丁原文为 rerum，作 deorum（诸神）解。

有丝毫恶的痕迹。什么善的事物？我想就是快乐吧。那么诸神必定只有身体的快乐，因为你的学派不承认其开端和终结都与身体无关的心灵的快乐。我认为，威莱乌斯，你不像其他伊壁鸠鲁学派学者，他们羞于承认伊壁鸠鲁的那些言论，羞于承认他不知道除了感官快乐和性欲快乐以外还有其他的善。他还恬不知耻地把这些快乐一个个罗列出来。所以，请告诉我，你将给诸神吃什么、喝什么、什么样的颂歌和鲜花、什么样的触觉和味觉，从而使它们沉醉于快乐？诗人在宴会上赠予诸神琼浆玉液，珍馐美味，还有赫柏（Hebe）[*]或伽倪墨得（Ganymede）[**]为它们斟酒。而你呢，我的伊壁鸠鲁学派的朋友？我没见到你的神能够享受这样的事物，或即使有，也不知道如何享受它们。因此，根据你的理论，人类比神拥有更加快乐的生活，因为人类享有各种各样的快乐。

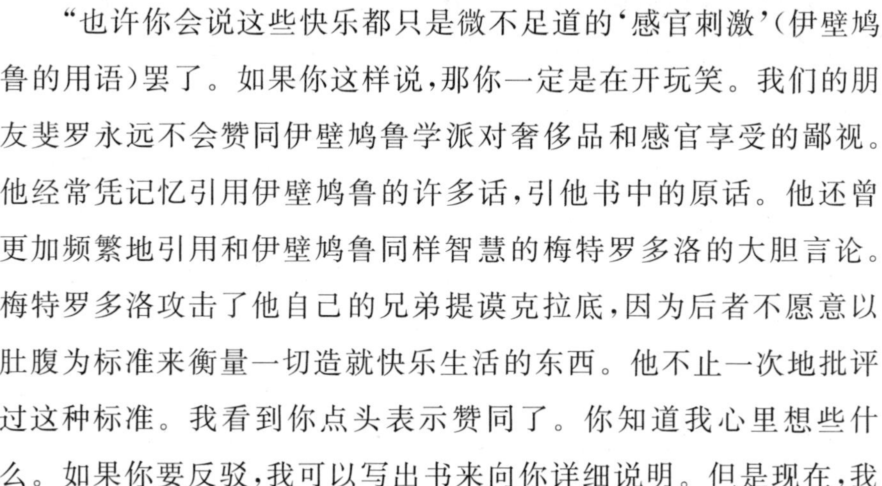

“也许你会说这些快乐都只是微不足道的‘感官刺激’（伊壁鸠鲁的用语）罢了。如果你这样说，那你一定是在开玩笑。我们的朋友斐罗永远不会赞同伊壁鸠鲁学派对奢侈品和感官享受的鄙视。他经常凭记忆引用伊壁鸠鲁的许多话，引他书中的原话。他还曾更加频繁地引用和伊壁鸠鲁同样智慧的梅特罗多洛的大胆言论。梅特罗多洛攻击了他自己的兄弟提谟克拉底，因为后者不愿意以肚腹为标准来衡量一切造就快乐生活的东西。他不止一次地批评过这种标准。我看到你点头表示赞同了。你知道我心里想些什么。如果你要反驳，我可以写出书来向你详细说明。但是现在，我

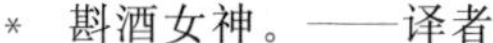

* 斟酒女神。——译者

** 神的侍酒俊童。——译者

并不是在反对你以快乐为唯一标准，把一切归结为快乐。那是另外一个问题。我只是想说明，你的诸神无法体验快乐，因此你自己的陈述也不可能是快乐的。

XLI

"'但诸神没有痛苦。'这就是你说的那种至高无上的、全福的、包含全部善在内的生活的含义吗？'诸神生活在对自己的快乐的持久的沉思之中。'我对此没有疑问。在你的理论中，诸神的心中没有其他东西了。现在请你想象这样一幅图景：一位永恒的除了'我是极好的'和'我多么快乐'之外没有其他任何思想的神！我不明白，如果这个神不断地受到无穷无尽的原子的攻击和震撼，如果它的基质不断地以影像的形式发射出来，那么为什么它没有想到自己会被分解呢？因此，你的这个神既不是快乐的，也不是不朽的。

"伊壁鸠鲁确实写过一些关于诸神的神圣性和尊敬神的必要性的书。[①] 但他实际上说的又是什么呢？他的写作风格使人觉得像是在聆听某个高级祭司的布道，如科隆塞阿努斯(Coruncianus)或斯凯沃拉(Scaevola)之类，他以论证的力量而不是以军事力量，如泽尔士(Xerxes)所为，摧毁了整个宗教信仰的基础，推翻了圣坛和神殿。如果诸神不仅不关心人类，而且不关心任何事物，不对

① Diogenes Laertius, *Lives of eminent philosophers*(《著名哲学家的生平与著述》)(Cambridge, Haroard University Press, 1965。——编注)第 X 卷第 29 节提到过伊壁鸠鲁的一篇论文《论神圣》(On the Divine)。

任何事物产生任何影响，那么你怎么能说人应该尊敬诸神呢？

“你说，诸神的本性如此至高无上和如此完美，以至于聪明人为他们自己的缘故而崇拜诸神。诸神仅仅享受自己的安乐而无所事事，它们不但从来就没有做过什么事，并且将来也不会做什么事，这是一种什么样的完美本性呢？对一个我们得不到任何回报的存在者，我们要给予什么样的尊敬？我们如何能够敬畏一个对我们无所要求的存在者？我们应当以什么样的虔诚而又公正的态度对待诸神？如果诸神与人类之间毫无共同之处，那么有什么律法能对双方进行约束呢？宗教是一门关于崇拜神的科学；但是，如果没有任何善可以归功于诸神，永远没有，那么我们为什么还要崇拜诸神呢？我不知道。

XLII

“如果我们看不到任何可尊敬的地方，那么为什么我们还要崇拜诸神并尊敬他们的神性呢？你夸耀说你们摆脱了迷信；但是只有当人们剥夺了诸神的全部权能后才容易摆脱迷信。比如狄亚戈拉斯或塞奥多洛，一旦他们否定了诸神的存在，他们如何还可能是迷信的？我认为普罗泰戈拉也不会这样，因为他既没有承认也没有否认诸神的存在。这些哲学家的教义不仅使我们摆脱了迷信，即对诸神的毫无意义的恐惧，而且摧毁了宗教本身，以及所有的尊敬和崇拜。还有人认为，我们所有关于诸神的信念都是那些聪明人出于国家的需要等等原因而编造出来的，因此，连理智都无法说服其成为好公民的人很可能会被宗教说服。这些说法难道不也把信念的基础完全摧毁了吗？或者像开俄斯群岛的普罗狄科（Prodicus of chios）那样把神性说成对人有利的一切东西；这样，他还能给宗教留下地盘吗？还有一些人教导说，勇敢的、著名的、强大的人死后被神化了，这就是我们现在已经习惯对之崇拜和敬畏并向之祈祷的诸神。这些人难道不是毫无宗教感情吗？欧赫美洛斯（Euhemerus）尤其发扬光大了这种思想；我们自己的恩尼乌斯是他最早的学生和解释者。欧赫美洛斯描述了这些神化了的英雄如何死亡，葬在哪里。在你看来，这样的人是加强了宗教还是完全削弱并摧毁了宗教？我对厄琉息斯（Eleusis）神圣庄严的圣地无话可说，

> 那里所有地球上的人们，
> 都成为奥秘的参与者。[①]

还有在萨摩色雷斯岛（Samothrace）或那些在兰诺斯岛（Lemnos）上庆祝的神秘仪式，

> 整夜都有成群的崇拜者，
> 在幽暗的丛林中。[②]

当我们用理性之光检验这些话语，它们似乎是对自然力而不是对

---

① 这句诗的出处不详。

② 这句诗可能引自阿克齐乌斯（Accius）的《菲罗克忒忒斯》（*Philoctetes*）。

神力的承认。

XLIII

“事实上，在我看来，即使是德谟克利特，这个真正的伟人，伊壁鸠鲁就是从他的思想之泉中取水浇灌他的小花园，在诸神的本性问题上也似乎陷入了某种困境。他在某处说，在宇宙中可以找到被赋予一种神圣力量的影像；在另一处他说，在宇宙中找到的理智成分本身就是神圣的；他还在某处说，存在着活生生的影像，有些对我们有利，有些对我们有害，还有些很广大，把整个世界都包容在内。所有这些观点与其说与他本人相符，还不如说与他的出生地相符。[①] 谁能明白他的这些影像是什么意思？它们中有什么可受敬畏的东西？谁会认为它们值得我们崇拜和敬仰？

“伊壁鸠鲁通过剥夺诸神的所有德行和恩惠而把宗教从人的心灵中彻底根除了。因为，他一面把至高无上的完美归为神圣的本性，一面却取消了仁慈作为最优秀、最高贵的精灵的本质。因为没有比善良和慈爱更优秀、更高贵的德行了。如果你取消了神的德行，那么你将使无人敢靠近神，也无神敢靠近人；因为神不爱任何人，也不关心任何人。这样的结果将是，不仅人与诸神无任何关系，而且诸神之间也毫无关系。

---

① 德谟克利特出生在色雷斯（Thrace）北部的阿布德拉（Abdera），这个城镇的居民以其愚蠢而闻名。

XLIV

“你所批评的斯多亚学派的教义要好得多。他们相信一个智者是所有智者的朋友，甚至是那些无知者的朋友。因为没有比善良更可爱的事物，我们应该爱世界上所有那些追求并已经找到了善良的人们。当你把德行和慈爱看作一种弱点时，你给我们上了多么糟糕的一课！更不要说诸神的权能和本性了，难道你真的相信人的善意和友好是从并只能从弱点中产生？为什么我们的耳朵如此乐意听到‘爱’和‘友谊’之类的词呢？[①] 与我们自己的利益有关而与我们朋友的幸福无关的不是真正的友谊，那只是为我们自己的利益而做的交易。在这种交易中，我们爱我们的朋友只是如同我们爱我们的土地和牲畜，因为我们从他们那儿获得利益。而真正的人的友谊是自由而无私的，因此诸神的爱和友谊必定也是自由而无私的！在它们的相爱中，或在它们对人的爱中，它们不需要回报。如果不是这样，那么我们为什么要向它们祈祷并尊敬它们？为什么祭司要主持祭祀，预言家要解读预兆？我们向诸神询问什么？我们能向诸神提供什么？

“然而，你会说，伊壁鸠鲁自己写过一本关于诸神的神圣性的书。在这本书中，读者被一个与其说是以讽刺的笔触还不如说是以粗野纵情的笔触写作的人所愚弄。因为，如果诸神丝毫不关心

---

① 在拉丁语中，西塞罗从一个词派生出另一个词：从 amor（爱）派生出 amicitia（友谊）。

我们，我们要神有什么用？一个不关心任何事物的神，怎么可能是一个充满生气的神？显然，如我们的朋友波西多纽在他的讨论诸神本性的第五部书里所说，伊壁鸠鲁根本不相信诸神是存在的，他关于诸神所说的一切都只不过为了逃避无神论的恶名。他不可能如此愚蠢，会去想象一个具有人的外表却没有人的身体结构的神！一个被赋予了人的四肢却根本不使用它们的神！一个透明的、非实体的、不对任何人显示德性和仁慈、毫无生机、漠不关心的神！首先，这样的存在者根本不可能存在；其次，伊壁鸠鲁知道这一点，因此他只给出了诸神美好的名字，而在事实上已经摧毁了它们；最后，如果神只不过就是一个对人类无心无爱的存在者，那么我就向他道声再见。我为什么要祈求他的仁慈？他不会施予任何人恩惠；因为根据你的哲学，仁慈或友善是虚弱的标志而不是神的象征。”

第 二 卷

I

科塔说完后，威莱乌斯说道："我确实太草率了，竟然试图与一个既是学园派哲学家、又是演说家的人进行辩论。我不会惧怕一个没有语言天赋的学园派哲学家，也不会惧怕一个尽管口才一流但并不优秀的学园派哲学家。我不会受困于一连串空泛的话语，也不会受困于精巧而又晦涩的命题。而你，科塔，在这两方面都可谓出类拔萃。你缺少的只是一个听众和一个陪审员。但是，我对你的发言的反驳可以下次再讲。现在我们先听卢齐利乌斯发言，如果他愿意表达他对我们双方的观点赞同与否。"

"我更愿意先听听科塔本人的意见，"巴尔布斯说，"如果他能像他揭露虚假的神那样雄辩地为我们描述一下真实的神。作为一名哲学家和祭司，科塔有责任这样做，何况他本人对不朽的诸神的观念不像学园派那样模糊不定，而是清楚明白、首尾一贯的，与我们关于诸神的观念一样。他对伊壁鸠鲁的抨击真可谓势不可挡。不过，科塔，我很想知道你自己的看法如何？"

"你难道忘了我一开始就说过的话？对我来说，谈论我不相信的东西比谈论我相信的东西要容易得多，尤其在这类问题上。即使我有某些确定的看法要说，我仍然更愿意先听听你的意见，因为我自己已经洋洋洒洒讲了一大堆。”

“如果你希望这样，”巴尔布斯说，“那么，我将尽可能简洁。因为你已经揭示了伊壁鸠鲁的错误，这将使我少费口舌。”

“一般说来，我们这个学派的哲学家把整个神学问题分成四部分。第一，我们认为神圣的存在者是存在的。第二，我们解释它们的本性。第三，我们描述它们如何统治世界。最后，我们表明它们如何关心人类。但是，我将要讨论这些主题中的前两点。第三和第四点涉及面太广，只能留待下次再谈。”

“不会的，”科塔说，“我们都闲着，而且我们关心这些问题，它们比其他任何我们手头可能要处理的事务具有更加重大的意义。”

II

“这样很好，”卢齐利乌斯说，“但是第一个命题，即神圣的存在者是存在的，似乎不需要我再多费口舌了。因为当我们仰望天空沉思天体时，还有什么比存在着一种统治它们的、具有至高无上的理智的神这个事实更清晰、更显然的呢？如果不是这样，那么恩尼乌斯的诗为什么会引起普遍的共鸣。他写道：

抬起你的眼睛仰望那明亮的苍穹，
人们称之为朱比特。

不光是朱比特，而且还有宇宙之主。这个一点头就使整个自然摆动的、显赫而伟大的神是'神和人之父'，如恩尼乌斯所说。如果有人怀疑这一点，那么在我看来，就好像怀疑太阳的存在一样。因为两者同样显而易见。如果我们的理智连对这一点都没有清晰的认识，那么人类的信仰就不会持久，也不会随着时间的流逝而进一步加深，因而也就不能在世世代代的人类中坚定地扎下根来。我们看到，其他迷信和空洞的想象随着岁月消逝了。今天还有谁会相信半神半马的怪物或银蛟的存在呢？现在有谁还能找到一个头脑简单的饶舌妇，害怕前人信以为真的那些阴间怪物？时间扫除了虚幻的想象，坚定了本性的判断。因此，无论在我们国家还是在其他国家，对诸神的崇拜和宗教的神圣性一天天变得越来越坚定，越来越彻底。这不是盲目的、偶然的，而是因为诸神时时宣告着它们的存在。"

"例如，拉丁战争(Latin War)期间，在瑞吉鲁斯湖(Lake Regillus)，当时波司图米乌斯(Aulus Postumius)正在指挥军队攻击图斯库兰的屋克泰维乌斯·玛米利乌斯(Octavius Mamilius of Tusculum)，人们看到卡斯托耳(Castor)和波吕丢刻斯(Pollux)骑着马在我们的队伍中参战。在更近的岁月里，它们显身出来宣告马其顿的珀尔塞斯(Perses of Macedon)的失败。当我们年轻人的祖父瓦提尼乌斯(Publius Vatinius)在夜里从他统治的雷阿特(Reate)旅行到罗马时，两个年轻人骑着白马来告诉他，珀尔塞斯被抓住了。他到达罗马后就向元老院报告了这个消息，却被以藐视元老院的罪名立即逮捕入狱。但是后来，保卢斯(Paulus)发来的急件证实了那个国王是在那天被捕的，于是元老院颁布法令奖给瓦提尼乌斯土地和特权。还有，当洛克里人(Locrians)在萨格拉(Sagra)河的那场伟大战争中打败克罗通(Croton)人时,据说关于这次战争的消息是在奥林匹亚赛会召开的那天得到的。人们经常在森林里听到农牧神(Feuns)的声音,而诸神经常化身为许多形式,只要不是傻瓜,不是为名利奔走的世俗之徒,都会承认诸神存在于我们中间。

III

"还有表示事物将要出现的预兆以及关于它们的预言。这些都证明,未来可以预知和预示,人可以得知这些预兆和预言。因此这些事就被称为启示、征兆、迹象和奇迹。尽管我们可能会把关于摩苏斯(Mopsus)、提瑞西阿斯(Tiresias)、阿菲阿拉俄斯(Amphiaraus)、卡尔查斯(Calchas)和赫勒努斯(Helenus)的所有故事都当作虚构而加以摒弃,但如果这些故事没有任何现实基础的话,他们的力量就不会得到承认了。确实有着更加充分的证据能够使我们信服诸神的活生生的存在。难道我们不能从克劳狄乌斯(Publius Claudius)在第一次布匿战争(Punic War)中的愚蠢吸取教训吗?他以为可以嘲笑诸神而引起一阵大笑。因此,当那些小鸡从笼子里被放出来但不肯吃食时,他就命令把它们淹死。'如果它们不想吃,'他说,'那么它们就得喝。'但是这个玩笑带来的后果是一场海战的失败,为此他付出了成串的眼泪和大批罗马人的生命。在同一场战争中,他的战友尤尼乌斯(Junius)无视预兆而在暴风雨中损失了一艘军舰。这些灾难带来的后果是:克劳狄乌斯被判叛国罪,而尤尼乌斯则自杀身亡。凯利乌斯(Caelius)告诉我们,

佛拉米纽斯(Gaius Flaminius)因为藐视宗教而在色拉西美尼湖(Lake Thrasimene)遇难,并使我们的国家遭受了重大灾难。这些人的命运向我们表明,只有在具有宗教信仰的人的引导下,城邦才能兴旺繁荣。

“与其他民族相比,我们在其他方面并不比他们优秀,甚至可能还低劣一些,但在宗教方面和对诸神的崇拜方面我们是杰出的。难道我们会嘲笑关于阿图斯·纳维乌斯(Attus Navius)和他的占卜团成员的故事吗?为了寻找一头失踪的猪,他们把葡萄园分成几块。[①] 如果这样的话,让我们记住,荷斯提利乌斯王(King Hostilius)为何在指挥重大战役时总是乐于采纳对他的忠告。

“由于我们的领袖们的疏忽,占卜的技艺已经消失了,人们也不再相信预兆,只把它们看作一种繁文缛节。因此,在国家的重大事务中,例如这些事关整个国家安全的战争,我们竟然丝毫不重视恶兆!在过河之前无人占卜,在胜利的曙光即将照耀我们的长枪之时,我们也不占卜。战前征召公民入伍也无人占卜,因为我们的长官在履行其指挥权之前也放弃了占卜。

“然而,我们的祖先具有非常深刻的宗教感,有些将军在国家最严峻的时刻会蒙着头发誓,愿把自己的生命献给服务于他们的国家的诸神。从西庇尔(Sibyls)的预言中,从预言家们的格言中,我可以举出许多占卜的例子,以证明这些都是铁的事实。

① 此处的叙述与西塞罗在别处讲到的同一故事不吻合。阿图斯·纳维乌斯发誓,如果拉瑞斯(Lares)帮助他找到那头离群的猪,那么就把葡萄园里最大的葡萄给他们。等拉瑞斯找回了猪,他也就可利用阿图斯·纳维乌斯的占卜团找到最好的葡萄。

IV

“斯基庇俄(Publius Scipio)和菲古卢斯(Gaius Figulus)执政期间,我们的占卜官的知识和伊特拉斯坎人(Etruscan)的预言的科学性得到了事实的证明。格拉克库斯在第二任执政官任期将满之际宣布要参加竞选新执政官。在他就要宣布候选人名单时,监察选举的官员因劳累而猝死。不过选举还是顺利完成了。格拉克库斯意识到公众会对程序的正确性有所怀疑,就向元老院提交这个问题。元老院根据通常的做法,把问题提交给了占卜官。占卜官们商量以后,提出他们的意见说,就监察选举的官员而言,选举是不恰当的。于是,正如我的父亲告诉我的,格拉克库斯大发雷霆,‘什么?你们说我不合程序?我自己就是一个执政官,就是一个占卜家,并且已经接受了预兆!难道你们以为你们这些伊特拉斯坎野蛮人有权利在这些事务上为罗马人制定法律,有权利自称为罗马人的选举活动的裁决者吗?’他叫他们卷起铺盖滚蛋。但是后来,当他担任了撒丁尼亚(Sardinia)总督以后,他写了一封信给占卜团(College of Augurs),说专家们的书使他回忆起以前的事,他认识到他接受预兆的程序是不合规范的。当时他选定斯基庇俄公园(Scipio’s Park)作为占卜地,但接着就穿越城界进入市区去主持元老院(the Senate)的会议,把城界之忌给忘了,会后又穿越城界去接受预兆。[①] 这样一来,执政官的选举就变得不合规范了。

① 一旦占卜家跨越城界,预兆就会失灵。

占卜官们把他的信转交给了元老院。于是,元老院通过了一项让执政官辞职的决议。还有比这更清晰的例子吗?这里,我们看到一位最智慧的政治家,也许可以说是最伟大的政治家,宁愿坦白一个他满可以隐瞒的错误,也不愿让任何不洁的怀疑沾污国家。这里,我们看到的是,执政官们宁愿立即辞职,也不愿违背神圣的法律,多执掌一会儿权力。

"占卜者的权威是伟大的,而占卜者的技艺是神圣的。当我们看到无数这样的例子已经给出了这方面的证明后,难道我们还不能赞同诸神的存在吗?不存在的存在者是不会给我们派来信使的。而诸神肯定有它们的预言家和信使。我们怎么能够否定它们的存在呢?

"你可能会说,并非每一预言都会应验。但同样道理,并非每一名患病者都能痊愈。难道我们因此就说医学不存在吗?事实是,诸神向我们显示将要发生之事的迹象,至于对这些迹象的解释所产生的任何错误,都是由人的推测而不是由神的本性造成的。

"无人不知这个问题的关键。从出生之时起,诸神存在的观念就已经深深地刻在人们的心灵之中。

V

"现在要讨论的不是诸神的存在而是诸神的本性。事实上,我们自己的克莱安塞斯说过,有四方面的影响构成了人关于诸神的影像。首先,他提到了我刚才发挥过的论据,即对未来事件的预知。其次,给我们带来巨大福祉的温和的天气、陆地上丰硕的果实以及其他大量的神的恩赐，也在影响着我们关于诸神的影像。第三，雷电、暴风、骤雨、风雪、冰雹、洪水、瘟疫、地震、石雨、血雨、地面的突然下沉或断裂、怪人或怪兽、天空中出现火球或彗星等异象。[①] 比如，最近内战中的令人恐怖的灾难早有预言，或者说天空出现两个太阳预示了这些灾难。我的父亲告诉过我，在图狄塔努斯（Tuditanus）和阿奎利乌斯（Aquilius）执政时期，在如同第二个太阳一样伟大的斯基庇俄·阿夫里卡努斯（Scipio Africanus）遭难那年，天上出现了两个太阳。[②] 人们被这些事吓坏了，开始意识到其中有某种神圣的上天的权能在起作用。第四，也许是最重要的一点，天体有规则的运行，日月星辰的变化、优美和有序，种种天象已经表明它们并非偶然性的产物。如果有人进入一座房子、一个体育馆或一个公共场所，看到一切都被安排妥当，在有序地运行，那么他不会认为这些安排是偶然的，而会认为存在着某个发号施令者，他的命令必须服从。那么，当我们面对如此广袤的运动，如此深刻的变化，面对无限的、数不清的物体的支配力量，这种支配力在遥远的过去的无数个世纪里从来没有改变过，我们难道还能否认如此伟大的自然运动是由某个神圣的理智引导和控制着的吗？

VI

"克律西波斯是一个理性能力很强的人，但在下面这段话里，

① "彗星"（comet）一词西塞罗既用了希腊语，又用了拉丁语，字面意思都是指"长尾巴的星星"。

② 公元前 129 年，人们发现斯基庇俄·阿夫里卡努斯被杀死在床上。

他似乎只报告了自然本身教给他的东西，而没有提出他自己的发现。‘如果自然中存在着人的心灵、人的理智，以及人的能力和力量所不能创造的事物，那么这些事物的造物主必然是一个比人还要卓越的存在者。因为，人不可能创造永恒运行的天体，因此，它们必然是由一个比人更加伟大的存在者创造的。这个更加伟大的存在者除了是神以外还能是别的什么吗？如果神不存在，那么自然中比人更伟大的会是什么呢？唯有神才具有至高无上的理性天赋。只有傲慢的傻瓜才会认为世界上没有比他自己更伟大的东西了。因此，必定有某物比人更加伟大。而这个某物就是神。’

“因而，克律西波斯指出：事实上，如果你看到某座雄伟的建筑物，但没有同时看到那个建筑师，难道你会认为这座建筑物是由鼠和鼬建造的吗？同理，世上的所有奇迹，天体的各种美，陆地和海洋的各种力量的荣耀亦如此。我们中有谁会疯狂地认为我们可以自诩为这些万能之神的居所的主人？难道我们还不明白处在较高位置上的东西是较好的？而地球所处位置较低，并被一层厚厚的空气包围。如我们在城镇和郊区所见，由于空气沉闷，居民们的心灵变得麻木，甚至在整个人类身上，这种情况也时常发生，因为他们被世俗利益束缚而处在宇宙的模糊的底层。但即使仅仅根据我们自身的天资，我们也能推断出某种比我们自己的理智更强有力的神圣理智是存在的。

“‘但是，人又是从哪里获得自己的理智的呢？’在色诺芬的《回忆苏格拉底》（*Memoirs*）中，苏格拉底提出过这样的问题。因为，如果你问我们从哪里获得渗透我们全身的热量和湿润，获得我们的坚实的肌肉，我们维持生命的呼吸，那么答案显然是，我们从大地获得肌肉，从水中获得湿润，从火中获得温暖，从我们称之为大气的空气里获得呼吸。

VII

“但是，比上述这些东西更加高级的东西，我指的是理性，或者如果你乐意，也可以称之为理智、目的、思想、智慧，是怎么来的呢？我们在哪里找到了它？我们在什么时候拥有了它？难道宇宙拥有一切，却唯独缺少它，这万物中最有价值的东西？无疑，没有比宇宙更高的事物，也没有比宇宙更优秀、更美丽的事物。除此之外，不仅不存在更好的事物，而且也不能想象更好的事物。如果理性和智慧就是万物中最好的，那么它们也必然属于我们宣称是最好的事物。既然如此，难道这种一致性与和谐性，这种与自然的原始的亲缘关系还不足以证明我的观点吗？对地球来说，还有其他什么事物可能使它一时丰盛多产，一时又贫瘠荒凉呢？世上如此多样的变化，比如冬去夏来，以此标志着太阳的循环往复又是如何可能的呢？大洋的潮汐、江河的水流又是如何受月球运动支配的呢？无数星辰的运行轨迹又是如何被维系整个被造世界的巨大旋转之中的呢？所有这些都是因为宇宙各部分的和谐一致；而这种和谐如果不是受到一个无所不在的神灵的保护，那就是不可能的。这种学说解释得越完整、越详细，如我试图去做的那样，就越容易避免学园派吹毛求疵式的批评；而如果以一种比较简单、比较概括的方式来阐述，如芝诺曾经做过的那样，那么似乎很容易受到他们的攻击。流动的河流不像静止的池塘那样容易受到污染；充分的讨

论能够冲洗批评的泡沫，而一种封闭的争论则不太容易保持它原始的纯粹性。

VIII

“对于这个我们将进一步扩展的论证，芝诺曾经非常简要地概括说：‘具有理性的事物比不具有理性的事物完美。没有任何事物比宇宙更完美，因此，宇宙是一个理性的存在者。’用这种方法同样可以证明宇宙是智慧的、神圣的和永恒的。因为，拥有这些品性的存在者比不拥有这些品性的存在者优秀，而不存在比宇宙更优秀的存在者。因此可以推出宇宙就是神。芝诺还给出过另一个证明：‘如果一个存在者没有意识，那么它的各个部分也都必然没有意识。而宇宙的某些部分是有意识的，因此宇宙本身必定是一个有意识的存在者。’接着他详细地阐述了这一点。他写道：‘没有任何缺乏生命和理智的事物能够产生具有理智的生物。而宇宙确实产生了在不同程度上分有理智的生物。因此宇宙本身就是一个活生生的理智。’然后，按照习惯，他用一个比喻来结束他的讨论。‘如果能吹奏乐曲的长笛长在橄榄树上，你难道不会推断橄榄树必定具有关于长笛的知识？如果一棵悬铃树长出能演奏和谐曲调的七弦竖琴，难道你不会认为悬铃树具有音乐家的气质？既然宇宙能够产生有意识的理智，那么为什么你不承认宇宙就是一个有意识的理智呢？’

IX

“我知道自己已经背弃讨论开始时许下的诺言。我说过，对任何人来说，诸神的存在都是显而易见的，这一点从一开始就应该作为一条不需要任何解释的公理来接受。然而，我还是愿意通过科学论证来证明这一点。

“事实是，一切生长茂盛的事物本身都有一种自然的热，没有它，这些事物就不可能生长。一切拥有热和火的事物都是由于它们的运动才有活力和生气。尽管事物在不断地生长，但这种运动始终是稳定而有规则的。只要它存在于我们身上，我们的生命和意识就始终存在。但当这种生命之火变冷，最后消失，我们也就趋向死亡了。克莱安塞斯用下述例证表明存在于任何躯体中的这种热的力量有多么伟大。他说，没有任何食物能坚硬到二十四小时都无法消化的程度，而躯体所排出的粪便即使过了二十四小时仍有余温。动脉和静脉随着火热的脉搏不断跳动。我们也经常看到，动物的心脏被剖出来之后，依然像一团闪耀的火猛烈跳动。因此，一切活物，不管是动物还是植物，都是因为身体中有了热才存活的。由此可见，这种热的本性是一种渗透整个世界的生命活力。

“我们将进一步考察这个渗透世界的火原则，以便更清楚地理解它。这个世界的所有元素(我只提到最重要的)都是由热来支撑和维持的。首先，我们来看土元素。石头与石头的摩擦或撞击会产生火，地底下挖出来的东西会冒热气，冬天从井里可以打上热水来，此时地热被浓缩在地下洞穴里。这种压缩在冬天最甚，因此储藏在地下的热较为浓缩。

X

“我可以用许多证据详细地解释，在大地母亲的怀抱中生长的一切以及大地长出的所有植物和把根扎在土壤中的所有植物，它们的起源和生长的原因都在于这种温和的热。从水的变化中可以看到这种液体包含着的热。如果热不散去，水就不会结冰或凝结成雪和霜；如果不重新吸热，它们也不会重新分解融化为水。因此液体由于来自北方的寒冷或来自任何地方的寒风而变成固态，又由于温暖而被解冻融化。甚至海洋也会被风吹动而变热，因此可以很容易地看到液体中蕴涵着热。这种热不能当作外在的异己的东西，而是风暴来临时从海洋的最深处迸发出来的，就像我们自己的躯体由于训练和运动而变热一样。即使空气，尽管它是一种最冷的元素，但绝不是说它就没有热了，事实上它包含着相当一部分热量。水的涌动产生气，气也可以说就是水的蒸发。由于水含有热量，它才会产生气；当水在火上沸腾时，我们也可以看到气的产生。火是宇宙的第四个元素，依着它的本性，它把自身剩余的、可以用于维持生命的热传给其他一切东西。由此可以推论，既然宇宙的所有元素都是由热来维系的，那么整个宇宙本身始终会由一个类似的力量维系着。我们必须这样理解，因为我们知道这个热和火的原则渗透于整个自然，为自然注入了活力，是一切将要生长之物的源泉，一切生物和扎根于大地的植物的出生和成长都离不开它。

“因此我们称之为本性的东西就是渗透并保护着整个宇宙的力量，[①]这种力量并非没有感觉和理性。任何存在物，只要它不是单一的，而是复合的，都一定有某种构成原则。就人来说，这个构成原则就是理性，而动物的构成原则是类似于理性的一种力量，所有目的和欲望就是以这种原则为根据产生出来的。这种力量也呈现在树根以及从地上生长起来的任何一种植物中。希腊人称这种力量为‘引导力’(guiding froce)，它在而且必定在每一种复合物中起支配作用。因此，包含整个自然的构成原则的存在者一定是最高的存在者，拥有主宰一切的力量。

XI

“因此我们可以看到，世界的各个部分(因为世界上没有什么不是宇宙整体的一部分)都有感觉和理性。因此，在那个为整个世界提供构成原则的部分中，感觉和理性一定会在更大、更高的程度上呈现出来。因此，宇宙必定是一个理性的存在者，渗透并包含万物的自然则必定以它的最高形式拥有理性。因此，神与自然界必定是同一的，世上一切生命必定被包含在神的存在之中。

“这个宇宙之火比保存滋养我们所熟悉的事物的生命之火要更加纯粹，更加清澈，更加精妙，能更加快捷地推动我们的感觉。因此，认为宇宙没有意识的观点是荒谬的，仅仅体验过尘世之火的人和动物会被激励而成为有意识的生命。这种纯粹的、自由的原

① 或可译为“火的力量”。拉丁原文句中的 igitur(那么)作 ignea(火)解。

初之火渗透着整个宇宙，它是最精致的、最有力的；这种宇宙之火不是从无中被点燃，而是由它自身的意志力推动。因为，还有什么事物能比整个世界更强大，能够点燃这团渗透一切的生命和运动之火？

XII

"让我们也来听听柏拉图会说些什么。在哲学家中这个人几乎就是一个神。他相信，存在着两种运动形式，一种是内在的，另一种是外在的；那种根据自己的意志力进行的运动比那种由外力推动的运动要神圣得多。[①] 他把第一种运动只归于灵魂，认为所有运动的起源都可以追溯到灵魂。但既然所有物理运动都产生于宇宙之火，而那团火不是由外力推动而是由它自己的意志推动，那么这团火本身必然就是灵魂。由此可以推断，宇宙是一个有意识的存在者。由于作为整体的宇宙必定比其他任何自然物都要优秀，那么它必定拥有理性。我们自己的躯体中没有哪个部分能够与我们的整体存在相媲美。同样，宇宙作为一个整体必定比其中任何部分更加伟大。否则，只是世界某个部分的人作为一个理性的存在就会比整个世界更优秀了。

"如果我们从最初的混沌一直考察到终极之善，最后我们一定

---

① "在运动中，最好的一种是在我们自身中以我们自己为依据所产生的运动，因为它最接近思维和宇宙的运动；其次是在我们中由另外因素产生的运动；最差的一种是在躯体各部分中由外部的力引起的运动，此时躯体本身却还处于消极呆滞状态。"柏拉图，《蒂迈欧篇》(*Timaeus*，89，H. D. P. Lee 译，Penguin Classics)。

会抵达神的本性。首先，我们看到地上的所有植物都受到自然的保护，但她只赋予它们生长必需的营养。其次，对动物，她还赋予它们感觉和运动，以及一种趋利避害的本能。最后，对人，她还赋予他们控制本能的理性的力量。所有这些力量的赐予有时是任意的，有时是严加控制的。

XIII

“但是，只有那些天生具有善良而又聪慧的本性的存在者才能抵达第四个最高的阶段。这样的存在者有一种持续真实的思维方式，我们必须把它当作超人的属性，这是神或者说整个宇宙才有的一种属性，如我前述，神或宇宙才有如此绝对完美的理性力量。我们无法指出一个没有任何终极性和完善性的生活领域。因此，在葡萄园或牲畜的例子中，我们看到自然是如何孜孜不倦地追求她的目标的最完善的实现，任何偶然和意外都阻挡不了她前进的步伐。我们还看到，画家、雕塑家以及其他艺术家如何去创造各自最完美的理想作品。整个自然界也同样，它事实上更加努力追求某种绝对而完善的事物。

“宇宙中的许多生物在趋向完善的过程中会遇到许多外在的障碍，但是没有任何障碍能够阻止宇宙本身的发展。宇宙塑造并拥抱万物。因此，我们必须承认存在者的第四阶段，即最后阶段，是存在的，没有任何力量可以加以阻拦。整个自然都依赖于这个存在的最后阶段。因此它是超越万物的，没有任何事物具有与之对抗的力量，它是理性和智慧在宇宙间的居所。

“还有什么比否认包含万物的宇宙本性就是最高的美德更愚蠢的吗？如果它就是最高的美德，那么它还可能是无意识的，不包含理性、目的以及智慧的吗？若不然，它怎么会是至高无上的呢？因为如果是这样的话，它就像一棵树或一只动物，把它列在底层比列在最高层要更加合理。如果它有心灵，但从一开始就没有智慧，那么它的地位就会比人的地位还要低。人可以变成有智慧的。而如果宇宙在无限的过去的岁月里缺乏智慧，那么它显然将永远不再可能获得智慧，因此它将比人低劣。然而这是荒谬的，我们必须断定宇宙永远拥有智慧，它自身就是神圣的。没有任何其他事物能像作为一个整体的宇宙那样，无所匮乏，它的每个部分都是完善的、完美的。

XIV

“克律西波斯对此做了很好的解释。他举例说，制造一只盾牌的套子要使它适合盾牌，制造一只剑鞘要使它适合宝剑，自然界中的万物，除了宇宙本身，被创造出来都是为了侍奉它以外的某种事物的。因此，地上的果实是为了满足动物的需要；动物是为了满足人的需要，马为了驮人，牛为人耕地，狗为人狩猎或看门。而人本身被创造出来是为了沉思和反映世界。人本身并非一个完美的存在者，而只是完美的一分子；但是宇宙本身，这个包含万物，离开它一切都不复存在的宇宙，在任何方面都是完美无缺的。因此，它怎么可能缺少一切中最伟大的美德呢？没有比理性和理智更优秀的东西了，所以它们必然存在于这个世界之中。

“克律西波斯做了很好的论证。他通过类比表明，在种类的完善和成熟的个体中总能找到更多的优秀品质，马的优秀品质多于马驹，狗的优秀品质多于幼犬，人的优秀品质多于幼童。因此，最高的优秀品质必然呈现在绝对和完美的事物身上。没有比善更高的品质了，也没有比宇宙更完美的事物了，因此善必然就是宇宙的一个特性。人自身的本性并非是完美的，然而善还是可以呈现在人身上，更不要说呈现在宇宙之中了！因此，宇宙包含着善和智慧，因此，宇宙本身就是神。

XV

“当我们明白了宇宙整体的神性，我们也就认识了天体的神性。天体是以太从最纯粹、最活跃的元素中创造出来的，不掺杂丝毫卑劣的实质，它们都是热和火。因此，把它们说成有意识、有理智的有生命的存在是非常恰当的。克莱安塞斯通过两种感觉，即触觉和视觉，来证明它们都是火。因为太阳的光芒比其他任何形式的火都要灿烂，它持久而广袤地照耀着万里无垠的宇宙。而阳光的触角的力量，不仅能使接触到它的东西温暖而且能使它们燃烧。这两个事实都证明太阳具有火的本性。克莱安塞斯接着说，‘因此，既然太阳是一团火，由海洋的水蒸气滋润(因为若没有来自某处的供给，火就不能维持)，它必定就是或者类似我们日常生活中使用的火，或者类似渗透生物躯体的生命之火。我们日常生活中使用的火总是摧毁和耗尽一切，不管渗透到哪里都引起混乱和分解。另一方面，我们躯体中的生命之火则是慈祥的，它维持、滋润、提高、支撑有意识的生命，并且是生命的源泉。'他由此得出结论说，这种类型的火所发出的热无疑与太阳之火类似。因为太阳使万物繁荣昌盛，使每一生物各从其类生长。既然太阳之火与生物体内的生命之火相似，那么太阳自身也必定是活生生的。其他星辰亦必然如此，因为它们是从我们称之为以太或天空的天火中产生出来的。由于不同种类的生物产生在地上、水中以及空中，因此，亚里士多德认为，在那最适合产生生物的元素中却没有生命物是不可思议的。[①] 星辰存在于以太之中，而以太则是最精致的元素，并总是处在活泼的运动之中。由此可以推断，任何产生于以太的生物都将具有最敏锐的感觉和最迅疾的运动。由于星辰产生于这种元素，我们可以推断，它们必定也是有意识、有理智的存在者。从中我们必然得出结论：星辰也是诸神。

XVI

"我们可以看到，那些生活在空气纯洁清新的国家里的人比那些呼吸着混浊浓厚的空气的人更加敏感，更加灵活。此外，我们吃的食物似乎也影响着我们的智力的敏锐性。因此天体很有可能具有最高的理智，因为它们居住在宇宙的以太层内，供给它们的地球和海洋的蒸汽通过穿越太空的长途旅行已经变得很稀薄。而从星辰有序而规则的运动中，我们可以明显地看出它们是有意识、有理智的存在者。因为，若没有理智的引导，任何事物都不可能以一种

① 可能出自亚里士多德的已经佚失的对话 *De Philosophia*（《论哲学》）。

适度而有序的方式运动，在理智的引导中，不存在任何随意性、疑虑或偶然性。星辰的有序运行有连续性并且持久，因此不能仅仅归于自然过程。这是一种内在目的的表达。更不能归于偶然，因为偶然是混乱的朋友和秩序的敌人。因此可以得出结论：星辰是根据它们自己的自由意志、通过它们自己的神圣理智来运行的。

“亚里士多德说得好，他说运动着的一切所根据的要么是本性，要么是外力，要么是自己的意志。① 日月星辰都处在运动之中。然而，依据本性运动的事物，或因太重而下降，或因太轻而上升。而星辰的运动不是其中的任何一种，它们的运动有一个环形的轨道。我们也不能说星辰是在某种更强的外力作用下而作出的与自己的本性相反的运动。因为能有这种更大的外力吗？因而结论只能是，星辰依据自己的意志运动着。

“明白了这一点，如果我们还要否认诸神的存在，那么我们不仅愚蠢而且不恭。至于我们是否认诸神的存在，还是只剥夺它们的活动和目的，倒没有什么区别。因为在我看来，一物若是完全不动的，那就与不存在差不多了。但是诸神的存在是如此清楚的事实，所以如果有人要否认这个事实，那我只能怀疑他的理智是否正常了。

XVII

“我们剩下需要思考的问题是这些神祇的本性。在这个问题

① 这些话可能也出自《论哲学》(*De Philosophia*)。

上，我们面临的难题是要睁开理智之眼而不是肉眼。由于这个困难，芸芸众生以及普通的哲学家除了按人的形象想象诸神以外就无法想象不朽的神了。科塔已经揭示了这种观念的愚蠢，我不必再多说。由于我们已经认识到神必定是一个活生生的、高于世上其他一切事物的神，因此在我看来，只有承认宇宙整体就是这个活生生的神，承认不可能存在比宇宙整体更优秀的事物，才能与这个观念相吻合。

“尽管伊壁鸠鲁不善幽默，是一个没有丝毫‘阿提卡味道’(Attic salt)的雅典人，但是如果他愿意开个玩笑，那么他可以说，他理解不了一个‘球形的旋转的神’。然而伊壁鸠鲁绝不可能让我放弃一个他本人也接受了的观点。他承认诸神是存在的，因为某个优于一切的、至高无上的存在者必然存在。但是除了宇宙整体，没有比这更伟大的存在者了。因此，一个具有感觉和理性的、活生生的存在者显然要比一个不具备这些特性的存在者优秀。据此可以推断，宇宙必然是一个有生命的存在者，拥有感觉、理智和理性；据此也可以推断，宇宙就是神。

XVIII

“关于这一点，我将用宇宙本身的作品作一简短的但是更加清晰的证明。同时我要提醒你，威莱乌斯，不要再进一步暴露你在科学上的完全无知了。你说过，你认为圆锥体、圆柱体或棱锥体比球体更美。这表明你在审美判断方面具有一定新颖性！就让我们假定这些形体至少外表上看起来更加美，尽管我并不真的这么认为。

还有比那种能够包容其他一切的形体更美的形体吗？这种形体没有不规则的地方，不与其他东西抵触，没有棱角，没有弯曲，没有突出部，没有凹陷处，也不缺乏什么。事实上有两种优美的形状：在立体的事物中有球体，希腊语中称为司菲拉（sphaera）；在平面图像中有圆形或球形，希腊人称之为居克洛斯（kyklos）。这两种形状是仅有的各部分相同、表面上的每一点到中心的距离都相等的形状，它们是对称性的楷模。如果你不明白这一点，因为你从来没有屈尊从泥土中习得什么，[①]那么也许你至少具备足够的物理学常识，能够明白没有其他任何形状可以维持如此统一的运动和有规则的轨道。你们说不能确定世界是圆形的，世界可能还有其他形状，有无数个世界，它们的形状各不相同。还有什么理论比你们这些理论更不科学？如果伊壁鸠鲁学过二的两倍等于四的话，那么他就不会宣布那个论断了。可是他太忙了，忙于填自己的嘴而无暇注视'天空的嘴'了（如恩尼乌斯说的）。

XIX

"星辰也有两类。[②] 一类从其升起到降落都始终在自己的轨道上运行，从不偏离。另一类同时以两种方式运行但又保持着同一轨道。两类星辰都揭示了宇宙的旋转和星辰的环状运动，这就意味着宇宙的形状是球形的。

① 古代几何学家在泥土中画图。

② 即恒星和行星。

“首先我们要说太阳，这个星辰之王，它以这样的方式运行，它把光线从远处照射到地球的某个部分，地球的其他部分则是黑暗的。正是地球自己的影子遮蔽了阳光，带来了黑夜。于是我们就有日夜的交替。同样，太阳距离地球的远近决定了我们感受到的冷热程度。太阳在轨道上旋转365日，再加上六小时，构成1年。太阳在轨道上向北和向南的偏斜导致春夏秋冬的依次更替。而四季的变化又使陆上和海中万物滋生。

“太阳每年的运行周期又受到月亮每月运行周期的控制。月亮距太阳最近时月光最弱，月亮距太阳最远时月光最强。月亮不仅表面形状会发生变化，盈亏圆缺，逐渐回复到原初的样子，而且它的位置也发生变化，也会偏北和偏南。月亮的运行也会引起类似冬至和夏至这样的变化。月亮也会放射出光芒，影响动物的生长发育和植物的生长成熟。

XX

“最奇妙的是那被错误地称为行星或漫游者的五大星辰。这些星辰始终有序地进退，按其他规则和尺度运行着，因此不能称之为漫游。更奇妙的是这些星辰时而消失，时而出现，时近时远，时先时后，时快时慢，有时干脆不动，保持一段时间的完全静止。根据这些星星的不同运动，数学家估算出所谓的‘大年’（the Great Year）。[①] 当太阳、月亮和五大星辰完成它们的行程回到开始时的

① 参见柏拉图，《蒂迈欧篇》，39。

相对位置时，就过完了一个大年。关于这个‘大年’的时间长度有许多不同的说法，但可以肯定的是，它包含一个确定的期限。因为被我们称为萨杜恩（Saturn，土星）的那颗星，希腊语称为‘放光者’（The Shining One），离太阳最远，大约要用30年时间才能走完它的轨道。在运行中，它不断地变化，时而前进，时而后退，黄昏时消失，黎明时出现，但它从来没有改变过这些运动方式或者改变过完成这些运动所需要的时间。土星之下靠近地球的是朱比特（Jupiter，木星），希腊语称为‘燃烧者’（The Blazing One）。木星以12年的周期通过地球的十二区宫（signs of the zodiac），它的轨道也表现出类似于土星那样的多变性。在木星下面更靠近地球的是玛尔斯（Mars，火星），希腊语称为‘发火者’（The Fiery One）。我相信，火星用12个月少六天的周期完成它的一次轨道运行。再下面是墨丘利（Mercury，水星），希腊语称为‘昏暗者’（The Gleaming One）。水星大约用一年时间通过全部区宫，并且它与地球的距离从未超过一个区宫，只是有时在地球之前，有时在地球之后而已。五大行星中最低、最靠近地球的是维纳斯（Venus 金星），希腊语称为‘明亮之星’（The Light Bearer）。在拉丁语中，当它出现在太阳之前就被称为露际弗（Lucifer），当它跟在太阳之后则被称为赫斯帕鲁（Hesperus）。金星的运行周期是1年，与其他四个行星一样它以一种之字形的运动通过区宫。它与太阳的距离不超过二个区宫，有时在太阳之前，有时又在太阳之后。

XXI

“我无法理解星辰的这种规律性，以及它们在多种轨道中始终保持时间和运动形式上的和谐性，除非把这些当作行星本身的理性、理智和目的的表达，因此，我们必须把它们纳入诸神的行列。

“那些被我们称作恒星的星辰也同样显示出它们具有理智和目的。它们也在自身的日常旋转中始终保持着一种不间断的规律性。它们并非为以太所携，或者只是作为天空总的运动中的一部分，许多不懂物理学的人却这样认为。以太的性质使它不能把握恒星，不能用它自己运动的力量使恒星旋转。以太细微而又透明，温度恒定，不能成为恒星的穹庐。恒星有自己的领域，远离以太，不受以太的任何影响。它们那种连续而永恒的运行，那种奇妙而又神秘的运行规律，都表明有一种神圣的、理智的力量。如果人们仰望星辰而不能感受到神圣的力量，那么我只能怀疑他们是否根本没有感受能力。

“在天上，没有任何事情是偶然的，没有任何事情是无常、无序或者游离不定的。到处都是秩序、真理、理性、连续性。那些缺乏这些品性的事物，即所有虚假的、欺骗性的和充满谬误的事情，或者按月亮以下的轨道环绕地球运行（最低的天体），或者就在地球上存在。但是，所有拯救的力量和恩典都来自于上天，从神秘的秩序和永久的奇迹中流逝出来。如果有人认为上天没有心灵，那么他自己肯定是精神错乱。

XXII

“因此，我相信从芝诺那儿寻找线索不会有错，他是第一个找到这个问题的真相的人。他把本性定义为‘一团自行其道的创造之火，就像一位艺术家，创造出它的作品’。在他看来，一切技艺的核心就是创造。我们的艺人用他们双手的技能创造作品。自然也同样，只是以一种更加精巧的方式。自然是一团创造之火，是所有其他艺术的老师。她本身就是一位有创造性的艺术家。在她的每一个创造物中，她遵循自己的道路和原则。但宇宙中的自然作为一个整体把一切都包含在自己的怀中，她不仅是一位艺术家，而且是一位艺术大师，从她的筹划和意愿中涌现出所有时令和季节的收获。有限的自然物产下它们自己的种子，在各自的形式限定的范围内生长发育，而作为无限的宇宙整体的大自然则是一切自由和运动的源泉，也是与其意愿和努力一致（希腊语称为 hormae）的行为的最初源泉，正如我们在自身的理智和感觉的驱动下采取行动。这就是宇宙运动的精神本性，把它称为神的智慧或神意（即希腊语中的 pronoia）是很合适的，它使世界得以持续，不匮乏，充满恩典和美。

XXIII

“我已经讨论了宇宙整体，也讨论了星辰，所以你可以看到有许多神圣的存在者，它们不是闲散的，当然也不需要通过艰苦而乏味的劳动来达到它们的目的。它们不是由血脉、神经和骨头构成的。它们不需要像我们这样用食物和饮料来滋养,它们的身体中也不会产生太稠或太稀的体液。事实上,它们并没有像我们这样容易受偶然的影响、容易受伤害的身体。它们不必担心它们的元气会由于疾病而枯竭。而这些事物却正是伊壁鸠鲁所担心的,所以他才虚构出无所事事的影子神。而我们相信的神则有最优美的形体,住在天空中最纯洁的区域,按既定的行程运行,从而产生一种和谐,使我们大家得以保全。

"最聪明的希腊人和我们自己的祖先还正确地指出和承认了神性的许多其他特点,这些特点与神提供巨大利益是一致的。不管带给人类什么巨大的利益,诸神都被认为是表达了对人类的某种恩惠。因此,他们给各种恩赐命名,[1]尽管他们自身实际上就是神。比如,我们把玉米叫做刻瑞斯,把酒叫做利伯尔(Liber),如泰伦斯(Terence)在诗中写道:

没有刻瑞斯和利伯尔,
爱情就变得冰冷。

表示某些伟大力量的性质也被称作神,例如'信念'和'理性',我们实际上已经看到它们被尊为神,如斯考鲁斯(Marcus Aemilius Scaurus)在卡皮托利山(Capitol)的祭献中已经这样做了。还有卡拉提努斯(Aulus Atilius Calatinus)曾经对'希望'作祭献。从

① 拉丁原文为 natum(自然),作 datum(赠送)解。

这里你可以看到‘美德’神庙,玛凯卢斯(Marcus Marcellus)将它重建为‘荣耀’神庙,这座神庙最早在许多年前的利古里亚战争(Ligurian War)期间由玛克西姆(Quintus Maximus)祭奉。‘财富’、‘拯救’、‘统一’、‘自由’、‘胜利’,所有这些都因为它们具有巨大的力量而被尊为神,这些力量似乎需要一个神圣的起源。同样道理,‘欲望’、‘快乐’、‘情欲’也被神化。但是这些东西是歪曲的、不正当的恶德,而不是自然的情感,即使威莱乌斯不这么看。然而正是这些邪恶的、造作的快乐却经常能压倒我们比较自然的天性。

“由于各种神力都能给人某些好处,因此它们被认定为与其给予的重要好处相应的神,这类神的力量由神的名称表达,如我上面所举的例子那样。

XXIV

“我们人类生活的习俗也出于感恩而把那些对人类作出过杰出贡献的人尊为神。因此就有对赫丘利(Hercules)的神化,对卡斯托耳和波吕丢刻斯的神化,对埃斯科拉庇俄斯(Aesculapius)和利伯尔的神化。我这里提到的利伯尔是塞美勒(Semele)之子,不是我们的祖先将其与刻瑞斯和利伯拉(Libera)并列,予以敬畏崇拜的那个利伯尔。这种崇拜的性质只能在秘仪中启示。在这种崇拜仪式中,利伯尔和利伯拉是刻瑞斯的子女。在我们的语言中,liberi 的意思是‘孩子,子女’。这个用法仍旧保留在利伯拉这个例子中,但却不能用于利伯尔。* 对洛摩罗斯的神化也是出于同一类原因,有人把他等同于奎里努斯(Quirinus)。所有这些给人们带来福祉的人都被尊为福佑的不朽的神,它们的精神将永存并永远兴盛。

“还有大量的神则是从关于自然界的科学理论中派生出来的。这些神有着人的形象,为诗人提供了神话故事,并以种种迷信形式渗透在人们的生活中。芝诺曾经讨论过这个问题,克莱安塞斯和克律西波斯对此做过更加详细的解释。比如,古希腊人有一则古老的传说,天神(Sky God)[①]被他的儿子萨杜恩阉割,萨杜恩又被他的儿子朱比特俘虏。这些邪恶的传说只不过是用故事情节伪装起来的科学理论。那些发明神话故事的人认为,天神具有以太的炽热的本性,这种高贵的本性对那些需要通过与另一个躯体的交媾才能生育子女的躯体来说是毫无用处的。

XXV

“人们相信,萨杜恩控制着时令和季节的周期性变化。在希腊语中,这个神的名字表达了他的本性。他被称为Kronos(克洛诺斯),也就是Chronos,意思是‘一段时间’。这个意思和它的罗马名字萨杜恩的意思‘岁月流逝’相同。在神话中,据说他吞食了自己的孩子,正如‘年代’吞食着不断流逝的岁月,但永远不会满足。

* 在拉丁语中,liber和libera作男性和女性子女解时的复数都是liberi,作为神名的利伯拉有复数形式,作为神名的利伯尔没有复数形式。——译者

① 即乌拉诺斯(Uranus)。

据说朱比特用铁链锁住它，不许它无边无际的运行，把它束缚在星辰的范围之内。

“朱比特这个名字的意思是‘帮助之父’。稍加曲折变化，它也被称为朱维(Jove)，词根是 iuvare(帮助)。诗人们称它为‘众神和人之父’。我们的祖先认为它是‘最优秀的’、‘最高贵的’。我们应该注意，他们把它的优秀即它的恩典放在它的权能之前。他们明白，帮助创世实际上比万能更加伟大，更加仁慈。在我前面已经引述过的诗句里，恩尼乌斯也提到了它的这个方面：

> 抬起你的眼睛仰望那明亮的苍穹，
> 人们称之为朱比特。

在另一句诗里，这个意思则不太清楚：

> 不管是什么力量从天空发出光芒，
> 我都要凭着那力量诅咒人类！

我们的预言家们把雷电称为朱比特，说‘朱比特闪电’或‘朱比特打雷’。欧里庇得斯(Euripides)以他惯有的魄力用诗句简洁地表达了同样的思想：

> 请看无边无际的天空高高展开，
> 它深情地拥抱着地球，

请认识那儿的朱比特，至高无上的神。[1]

XXVI

“然而，如斯多亚学派所说，介于海洋和天空之间的气被冠以朱诺的名称[2]而受到崇拜，朱诺是朱比特的姐姐和妻子。空气和以太有一种亲缘关系，因此它们紧密地联系在一起。空气被认为是最柔软、最女性化的元素，因此就归于朱诺。然而，我相信这个名称的词根是 iuvare（帮助）。

“剩下的还有水和土，传说中的世界三大部分是由它们组成的。整个海洋王国赋予尼普顿，朱比特的兄弟，人们是这么说的。这个名称的词根是 nare（游泳），词首和词尾稍有变化，就像在波尔图努斯（Portunus，庇护神）这个词的变化一样，这个名称的词根是 portus（港口）。土以它的全部力量和肥沃而被神化为父神狄斯（Father Dis），这个名称的另一种写法是 Dives（富裕者），相当于希腊语中的 Pluto。这是因为，一切都生于土而最终又回归于土。据说狄斯与普洛塞耳皮那（Proserpina，源于希腊文 Persephone）成婚。普洛塞耳皮那就是玉米的种子，因此就有这样的传说，她消失在土中以后，她的母亲到处寻找。她的母亲是刻瑞斯（Ceres）。这是 Geres 的一个讹误，Geres 的词根是 gero（生育），因为她是玉米的生育者。从她的希腊名称德墨忒耳（Demeter）源自 Ge Me-

① 西塞罗在这里引用的是欧里庇得斯的一个拉丁文本，见《残篇》，第 386 条。

② 即希腊天后赫拉（Hera）。

ter(大地母亲)中也可以看到对词首字母的随意改变。同样,Mavors(玛沃尔斯)*这个词源于 magna vertere(推翻伟大者),而密涅瓦(Minerva)的意思要么是'填平……的人',要么是'发出威胁的人'。

XXVII

"由于开端和终结对每一事物都是最重要的,所以他们认为伊阿诺斯(Janus)**在每一种祭仪中都是领头的。这个名称源于 ire(走),因此 jani 就是走廊,januae 就是房子的门户。维斯太(Vesta)这个名称也来自希腊人,他们称她为赫斯提(Hestia),就是掌管我们的壁炉和灶台的女神。我们总是最后才祭祀这位女神,向她祈祷,她是我们最隐秘生活的监护者。与她的神性联系最紧的是家喻户晓的家政神珀那忒斯(Penates),这个词可能从 penus 派生而来,意思是指粮仓;或者是从 penitus 派生而来,意思是住在房子里面隐蔽处的东西,因此诗人们有时就称这些东西为 Penetrales(住在里面的)。

"阿波罗(Apollo)也是希腊名字,就是太阳,正如狄安娜(Diana)就是月亮一样。Sol(太阳)这个词可能来源于 solus(唯一的),因为太阳的形体之大在诸星中是唯一的,或是因为太阳一升起就把其他星星都遮蔽了,因此它是唯一的可见者。

---

* 即 Mars(玛尔斯)。——译者

** 看守门户的两面神。——译者

“卢娜(Luna)就是卢齐娜(Lucina),派生于 lucere(闪光)。正如希腊人把孩提时代的狄安娜称为 Lucifera(带光者)一样,我们的女人们称朱诺为 Lucina。她还被称作 Diana Omnivaga(游荡者),但不是作为狩猎女神,而是因为她被列为七大行星之一,或者被算作游荡着的星星。她被称为狄安娜是因为她把夜晚转变为白天。[①] 她也掌管生育,因为胚胎有时候 7 个月就会成熟,当然一般需要 9 个月。这些被称为 menses(月份),因为它们构成了 mensa spatia(确定的周期)。

“蒂迈欧(Timaeus)曾在他的史书中讲过一个关于这位狄安娜女神的非常有趣的故事。他告诉我们,亚历山大大帝(Alexander the Great)降生的那晚,爱菲斯(Ephesus)的狄安娜神庙化为灰烬,他还说这一点也不奇怪,因为女神离家出走,她无疑希望在帝王降生时援助奥林匹亚(Olympias)。

“我们的维纳斯(Venus)女神的名字的意思是‘抵达(venire)一切’。有人说这个名称来源于我们语词中的魅力和风采。但更可能恰恰相反,魅力和风采源于维纳斯。

XXVIII

“你们看到,自然科学领域里如此合理而有用的发现,却使人们把许多虚构的力量归于这些想象出来的诸神。于是就产生了错误的信仰,成为包含诸多谬误的荒诞故事。我们还认为我们知道诸神

---

① 狄安娜的词根是拉丁文 dies(白天)。

的形象、年龄、习惯、风格！我们甚至声称知道它们的家族史、婚姻以及相互之间的亲属关系，我们用各种方式把它们降低到虚弱的人的形象上来。我们用自己的情感去表现它们。它们有情欲，有悲哀，有坏脾气。按照神话传说，它们甚至会发生争斗和战争，引起灾难。在荷马史诗里，我们看到诸神为了支持希腊人和特洛伊人(Trojans)之间的战争而分成敌对的双方，甚至它们自己也对提坦神(Titans)和巨灵神(Giants)发起战争。这些神话轻浮而荒唐，讲述的人和聆听的人都是笨蛋。但只要我们嘲笑并拒斥这些故事，我们还是可以相信有一种神圣的力量渗透在自然万物之中，刻瑞斯名下的大地、尼普顿名下的海洋，如此等等。所以我们必须崇拜和敬畏这些神，按照传统赋予它们的名称，按它们各自的品格和本性崇拜和敬畏他们。这种对诸神的崇拜是一切事务中最好的，充满着纯洁、神圣和虔诚，只要我们的尊敬不管是在口头上还是在思想上都永远是真实的、完全的和纯洁的。不仅是哲学家，而且还有我们自己的前辈，都可以据此区分真正的宗教和愚蠢的迷信。

“那些为子女的长寿而整日祈祷祭祀，以便自己可以得到子女供养的人被称作迷信的(superstitious)，这个词源于幸存者(superstes)，尽管这个词后来已经获得更加广泛的含义。而那些一丝不苟地观察并重复敬神仪式的人则被认为是宗教的(religious)，这个词源于动词 relegere(一遍又一遍地读)……[①]而现

① 西塞罗在此还作出类似的引申：就好比 elegant 源自 eligere(选择)，diligent 源自 diligere(号召)，intelligent 源自 intellegere(理解)，因为所有这些词都含有 religious 这个词具有的选择(legere)的意思。然而 religio 的派生词更有可能源于 religare(联系)。

在，迷信和宗教这两个术语一个遭到否定，一个得到肯定。

XXIX

“好了，我想我已经说得够多了，足以表明诸神的存在，足以解释它们是一种什么样性质的存在。现在我必须要解释的是，它们的神意如何统治这个世界。这是一个大问题，科塔，一个曾经被你们学派的哲学家热烈争论过的问题。所以在这里我必须对你作出回答。而你们学派的人，威莱乌斯，则不大熟悉这些术语在哪些意义被使用。你们是如此崇拜自己，以至于只看自己的著作，对于其他人的观点你们都会抱怨说未曾听闻。比如，你昨天说我们斯多亚学派相信‘老预言家的神意’。[①] 你犯下这个错误是因为你认为斯多亚学派把神意作为另一个女神创造出来，把她也当作一位引导和统治整个世界的神。我们用词简略，这个错误就是这么来的。如果有人说雅典共和国（Republic of Athens）由议事会（the Council）统治，我们肯定会理解为由设在战神山（Areopagus）的那个议事会统治。同样，我们说世界是由神意统治的，人们肯定会理解为世界是由诸神的神意统治的。因此你不必像你们学派的那些人一样，浪费大量的智力来取笑我们。我确实建议你放弃任何幽默的企图吧。幽默对你不适合，你在各种情况下都不擅长幽默，你的箭总是偏离目标。这个缺点并不是你个人的，威莱乌斯，因为你

① 原文读作：“……你昨天说”。西塞罗似乎原来打算把这部作品分成三部分，即分别记述三天进行的三次讨论。这里存留的“昨天”一词表明作品未曾作最后修订。

的风度与你的出生相符，你具有一个真正的罗马公民的温文尔雅。这个缺点要归于你的伊壁鸠鲁学派的同仁，尤其是酿成这一切的伊壁鸠鲁本人，一个无知的、未受教育的人，他侮辱每一个人，没有表现一丁点智慧、高贵或魅力。

XXX

“我的信念是，宇宙以及其中的一切都是由诸神的神意创造的，并且永远由神意统治。我们学派的哲学家通常把关于这一点的证明分成三部分：首先，引用我们证明诸神存在的论证，如果承认它们的存在，那么必然承认世界是由它们的神意统治的；其次，我们证明万物都受一种有意识的自然力量支配，推动它们走向自身的完善。证明了这一点，就可以推论出，生命的种子从一开始就存在于万物之中；我们的第三个证据来自大地和天空的所有奇观。因此，你或者是彻底否定诸神的存在，像德谟克利特和伊壁鸠鲁那样以自己的方式把诸神降低到‘幽灵般的影像’的地位，或者是承认诸神的存在，因而也必须承认它们在最高的意义上是活动的。还有什么能比它们的活动更适合成为统治世界的东西呢？因此，世界是由诸神的智慧统治的。

“如果不是这样，那么就必然存在某种比诸神的权能更优秀、更强大的力量，不管这种力量是什么，不管是无生命的物质还是强大盲目的本能，它总是创造出我们所看到的、环绕我们周围的所有这些神奇的作品的创造者。这样，诸神的本性就不可能是至高无上的美德。它就会隶属于支配大地、天空以及海洋的另一种本性或者本能。但是,不存在比神更杰出的事物,因此,世界的统治权必定属于神。神并非自然法则的臣民,正相反,自然服从神的律法。

“如果承认具有神圣智慧的存在者是存在的,那么就不能把它们神圣的工作排除在宇宙的伟大设计之外。这些存在者也许不知道什么是最重要的,不知道应该怎样安排万物的秩序?它们也许过于虚弱,不能担负起如此重大的责任?但是这种无知与诸神的本性是相悖的;说它们太脆弱,无法承担重任,也与它们的权威和力量不符。因此我们可以证明,世界是由诸神的智慧和预见统治的。

XXXI

“如果诸神存在(它们确实存在),那么要成为神,它们首先必须是一种有生命的存在。但仅仅是有生命的存在还不够。它们还必须是一种理性的存在。它们在一个和平而又和谐的王国中相互联系着,把世界当作一个单一的国家或城邦来治理。人们必然能在它们中间找到美德,人们把这些美德认作真理和理性。这条法则也努力培养公正,鞭挞罪恶。从中我们可以看到,正是诸神赋予人类智慧和善恶感。认识到了这一点,我们的祖先才习惯于把神的荣耀赋予理性、信念、美德与和平。当我们俯伏在神的至尊至圣的影像前祈祷时,我们怎么能够否认诸神的这些品性呢?如果理性、信念、美德与和平也存在于人类中间,那么它们除了来源于神,还能来自何方呢?既然我们拥有一定的感觉、理性和智慧,那么诸神必定具有更多的感觉、理性和智慧。它们必定不仅具有这些品质,而且在创造最伟大、最可敬的工作中使用了这些品质。整个宇宙就是最伟大、最神奇的事物。因此,它必然是由神的智慧和预见统治的。

“至此,我已经阐明了这些万能的神性和我们所见的天上的神奇现象,太阳、月亮、行星、恒星以及天空、世界本身及其所包含的一切,这些东西对人都极为有用,给人带来巨大的好处。我们的结论是,万物必定帮由神的愿望和意志统治。这就是我在第一部分论证中所要说的。

XXXII

“现在我要证明的是,万物都服从自然法则,依据自然法则万物以可能的最佳方式形成秩序。我首先要简单地解释一下自然的含义,以便人们能够比较容易地理解我的意思。有人认为,自然仅仅是一种把机械运动赋予物体的非理性力量;而另一些人则认为,它是理性和秩序的一种原则,它追求自身的井然有序,在万物中显示因果法则。没有任何一种技艺或技能能够模仿或再现自然的奥妙。他们指出,一颗小小的种子都具有巨大潜能,如果它落入一个接受并拥抱它的物体中,获得它生长发育所需要的物质,那么它就能生长成为某个类型的生物。有些生物只能用自己的根系吸取营养,有些生物则能移动、感觉,并想要产生与其相同的有机体。

“还有些人,比如伊壁鸠鲁,把自然理解为存在的一切,并从物体在虚空中的运动推演出整个自然过程。而我们斯多亚学派认为,宇宙是由自然塑造成形并由自然统治的,我们并不认为这个宇宙只是一个机械地堆积起来的物体,像一块泥土、石头或诸如此类的物体,而是有机地结合在一起,像一棵树或一个动物,它的形成不是偶然的,而是表现为有序,这一点与技艺相似。

XXXIII

"正如那些植根于大地的有机体靠着这种自然的技艺来生存发育一样,大地本身也渗透着这种力量,一旦受精,它就开始葱葱郁郁地长出各种生物。它促使在它怀抱中的万物的根系生长,同时大地本身得到来自天空的、更高的自然成分的滋养。大地生成的雾气供养空气和以太,抵达天空的所有领域。自然渗透着大地,激活了它,因此它通行于整个宇宙。植物扎根在泥土中,动物呼吸空气来维持生命,空气又成为我们看、听、说的一部分。没有气就不可能有这些。它甚至是我们运动的伙伴。当我们向任何方向移动时,它似乎就在我们前面为我们开路。有些始基被带至宇宙的中心或最低部分;另一些则被从中心带向最高部分;还有一些围绕中心作圆周运动。所有这一切合起来组成了一个单一的自然,一个宇宙统一体。

"有四种始基(basic substances),宇宙本性只不过就是它们之间不断变化的过程。土生成水,水生成气,气生成以太。然后这个变化过程逆转,以太生成气,气生成水,水生成最低的元素土。因此,这个和谐的宇宙的各个部分都由这些自然元素构成,它们上下前后的反复运动形成了万物。这种宇宙的和谐必定是连续的、永久的,如它展现在我们眼前的那样,或者至少能持续很长一段时间,长到几乎是无限的时间。

“由此可见,自然依然是统治宇宙的力量。其他的和谐都稍逊一筹,远非如此完美。无论舰队的远航,还是军队的部署,无论是(为了使我们的比较限制在自然本身的运行之中)藤蔓树木的生长,还是生物的形体及其肢体的协调,都不能表现出整个宇宙整体所显示的自然的技艺。

“如果这个宇宙不是由一种有意识的自然力量统治的,那么就没有什么事物是由这种力量统治的了。但是由于宇宙包含着所有自然物和它们的种子,这不正好说明它自身也是由自然统治的吗?否则就好比说,一个人身上的牙齿或头发是自然产生的,但包含了牙齿和头发的整个人却不是自然物。这种论断包含着这样的意思:创造万物的自然可能比它的创造物还要低劣。

XXXIV

“因此可以说,宇宙本身就是服从自然法则的万物的起源、种子和父亲。它滋养并拥抱万物,就像躯体对它自己的四肢和各个组成部分一样。但是,如果宇宙的各个部分服从自然法则,那么宇宙本身也必定服从这个法则。在这个自然法则中,没有什么可以受到指责的。它发展出整个自然界的所有可能性。有谁能证明,自然还应该做得更好些?没有人能做到这一点。如果有人试图改进自然界的事物,那么他要么使它变糟,要么根本不可能。世界的每一部分都是这样创造的，既不能进一步改进它们的功能，也不能使其外观显得更美。

“现在让我们思考一下，所有这一切是否属于偶然，若无神意的指导力量，整个世界是否能够以这样的方式构成。如果自然的作品比艺术作品更加完美，而且因为艺术若没有一个明确的目的就会一无所获，那么我们就不能认为自然本身缺乏这样一种目的。当你看到一幅画或一座雕像，你承认这是一件艺术作品。当你远远地看着海上船只的航线，你也不会怀疑有一位训练有素的舵手在指导着它的航向。当你看到日晷或滴漏，你知道它根据设计报时而不是随意的。那么对这个宇宙整体，这个涵盖一切，包括所有这些艺术品和制造它们的艺术家在内的宇宙，你怎么能够想象它缺乏目的和理智呢？你知道，我们的朋友波西多纽最近制造了一个天球仪，通过它的旋转可以显示太阳、星辰和行星的日夜运行轨迹，就像它们在天空中那样。如果有人拿了这个天球仪向不列颠人或司奇提亚人（Scythia）显示，那么即使是这些野蛮人也不会有一个人看不出它是有意识的理智的产物。

XXXV

“然而我们的对手却在怀疑，这个作为万物的源泉和起源的宇宙是偶然生成的，还是必然生成的，还是神圣理智的产物。他们认为阿基米德（Archimedes）用模型模仿天体的运行，表现出比生成天体的自然更加伟大的力量。然而天体真实的运动许多时候比他的模仿要精妙得多。

“你记得阿克齐乌斯[①]诗中的牧羊人吗？他一生中从未看到过船。当他从山顶远远地望见海上驶来阿尔戈英雄(Argonauts)的崭新而神奇的大船，他感到吃惊，警觉地叫道：

那个行驰着的可怕的东西是什么
来自海洋深处，带着巨大的声音
随着波浪向前滚动，激起层层波浪，
随着它急速行进，激起阵阵旋涡。
时而卷起浪花，像一团破碎的云，
时而高高立起，像一块巨大的岩石
任由风暴支配；或者像
海浪的撞击所引起的水龙卷的旋涡
它是从岸边漂来的什么物体的残骸？
或者是特里同用他尖锐的三叉戟
在海底戳了一个大窟窿，
把它从充满泡沫的深处举到水面，
并把它岩石般的团块扔向天空？

“那个牧羊人起初搞不清楚这个他第一次看到的物体是什么东西。但是后来，他看见了甲板上的年轻水手，听到了他们的歌声，还有饥渴的海豚在船首嬉戏，等等，所以他说：

---

① 阿克齐乌斯亦名阿提乌斯(Attius)，罗马诗人，生于公元前 170 年。他的戏剧作品模仿希腊戏剧。所引诗句出自他的《美狄娅》(*Medea*)。

一个声音穿过水面进入我的耳朵
就像西尔瓦诺斯(Silvanus)在森林里发出的风笛声。

"这里我们看到,这个牧羊人开始以为他看见的是没有生命、缺乏感觉的物体。但随着新迹象的出现,他开始怀疑起这个神秘物体的真正本性来了。同理,如果哲学家起初对世界的某个方面感到疑惑,那就应该继续思考它的和谐而又规则的运动,思考万物怎样受那始终如一、恒久不变的法则统治,这样,他们就能逐渐明白,不仅有某种活生生的东西住在这个神圣的天上的住所中,而且生活在那里的也是上天的主人,天空就是它自己最辉煌的宫殿。

XXXVI

"在我看来,他们似乎对大地和天空的奇观一无所知。首先,我们有大地,它位于宇宙的中心,周围围绕着生命和气息的元素,我们称之为气。[①] 气又由无穷无尽的以太包围,以太就是天火的本质。[②] 从以太生出星星无穷的光辉。太阳是星辰之首,它的光

---

① 西塞罗加上了注释:"气(aer)是个希腊词,但现在我们已接受它作为日常用语,并收入拉丁语词中。"

② 西塞罗在此加上了下列离题的注释:"以太一词也是外来词,像气一样,我们现在把它当作一个拉丁词,尽管帕库维乌斯(Pacuvius)认为用这个词时需要加以翻译:

我说的是我们称为天
而希腊人称为以太的东西。

但是说这话的人却是个希腊人!如果我们不设想他在谈论希腊语,那么他就是在谈论

辉照耀整个世界，它比地球要大得多。其后则有体积极其庞大的其他星辰。所有这些庞大发火的星辰不但不会伤害地球及其居民，而且非常适合它们，如果这些星辰改变了位置，它们的热就不再像现在这样温和适宜，地球也就会由于过热而被烧毁。

XXXVII

"竟然会有人相信大量固体的分散的粒子通过偶然碰撞和重力作用就可以产生如此神奇而绮丽的世界，这不令人惊奇吗？如果有人认为这是可能的，那么我想他也应该这样想，如果制造大量的字母，二十一个字母中每个字母的数量都是无限的(用黄金或你喜欢的任何材料制造)，把它们混合在一起并倾倒在地上，那么它们是否有可能自行拼写出文章来，比如说恩尼乌斯的整部《编年史》(*Annols*)。事实上我怀疑偶然性是否会允许它们拼出哪怕是一个句子来！

"因此，这些人怎么能够断言，宇宙是通过无生命的、缺乏颜色或者其他任何一种性质的粒子的盲目而偶然的碰撞产生的呢？他们甚至还断言，有无数这样的世界不断地生成和消失。如果原子的偶然碰撞可以创造一个世界，那么为什么它们却不能建造一条走廊、一座庙宇、一间房屋或一座城市呢？这可是比较轻松、不太辛苦的工作。

拉丁语，因为在别处，帕库维乌斯让他这样说：'我是在希腊出生的，我的言语表明了这一点。'"帕库维乌斯(公元前220年—公元前130年)，罗马画家和诗人，改编过希腊悲剧。

“事实上，这些人在谈论宇宙时荒谬至极，因此我很怀疑他们是否曾经抬头看过天空的荣耀，对此我将在后面再考虑。亚里士多德说得好：[①]

> 让我们假设有这样一族人，他们一直生活在地下适意而高雅的居所里，他们的住处用油画、雕塑和各种装饰品美化，财富所能带来的东西他们应有尽有。假定这些人从来没有上到过地面上来，但听说过关于诸神的神圣王国的谣传。再假定在某个时刻，大地裂开了口子，使他们能够离开那些隐蔽的居所而上到我们生活的地方来。于是他们马上看到了陆地、海洋和天空，观赏到云彩的壮丽，感受到风的威力，注视到太阳的光辉，因此他们逐渐理解了太阳的力量，明白了它如何将光明带给世界，如何把光芒撒向天空；然后，当黑夜向大地撒下阴影时，他们看到整个天空繁星闪耀，月盈月亏，还有天体的升降，它们永恒的确定不变的轨道。当他们看到这一切时，难道他们不会马上就相信诸神的存在，相信所有这些奇迹都是诸神的作品吗？

XXXVIII

“这就是亚里士多德的看法。但我们自己也可以描绘这样的图景。让我们设想有一种黑暗的斗篷，有了它，埃特纳（Etna）火

---

① 引自亚里士多德佚失了的著作《论哲学》（*De Philosophia*）。

山的爆发就使得周围的陆地蒙上了阴影。整整两天，人们认不出自己的邻居，到了第三天，太阳出来了，人们感到似乎从死亡中醒了过来。现在假定这件事发生在那些一生都生活在黑暗中的人们身上，因此他们突然之间第一次看到了天空的光芒。天空对他们来说会是什么样子？因为我们每天都能看到天空，我们的眼睛和脑袋已经习惯了这种景象。我们不再为之惊奇，或者为我们已经知道的事物寻求理由。由于我们的愚蠢，我们对一切事物丧失了好奇心，而不管事物多么神奇，只要它不是新的，我们就对它没有丝毫好奇心。如果一个人承认天体运动是有规则的，承认星辰在规定的轨道上运行，看到一切天体相互联系，构成一个系统，然而却否认存在着一个有意识的目的，把一切全都归结为偶然性的结果，那么他还配得上他的名声吗？

“世界是由一个我们永远不能加以模仿的力量和目的控制的，这是一个真理。机械可以作为一个例证，当我们看到一个天球仪或钟表这样的装置时，难道我们会怀疑它们是一个有意识的理智的创造物？所以，当我们看到天体的运动，它们旋转的速度，它们每年的运行轨道，从而一切依赖于它们的事物都被保全，都繁荣兴旺时，我们如何还能怀疑它们不仅是理性的作品，而且是一个完美而又神圣的理性的作品呢？让我们把所有似是而非的论证放在一边，只用我们的眼睛看清这个光辉灿烂的世界，这个我们确信由神意创造出来的世界。

XXXIX

“首先，看看我们自己这个世界的全景。它位于宇宙的中间，是一个固体的圆球，它自身的引力把万物吸附在自己表面，花草树木覆盖着大地，其数量之多不可思议，其种类之多亦无法穷尽。然后，看看长年流水的小溪，凉爽清澈的河水，郁郁葱葱的河岸，幽深无人的空谷，陡峭的悬崖，高耸的山峰，广阔的平原。再想想地下的金银矿脉和绵延无边的大理石宝库！想想形形色色的动物，家养的和野生的！想想鸟类的飞翔和歌唱！想想牛羊成群的草原和充满生命的森林！

“然后想想人类。可以说，他们已经被任命为地球的管理者，他们绝不允许地球变成怪兽出没的蛮荒之地或荆棘丛生的旷野。他们用自己的双手开发陆地、岛屿和海滨，再点缀上他们的建筑和城市。

“如果我们能在一瞥之下就看到这个全景，就像我们在思维中所能做到的那样，那么我相信这样看到整个辽阔世界的人，绝不会怀疑这是神的杰作。

“再想想大海的壮丽，无边的海面，无数的岛屿。想想海岸和海湾的气势！想想各式各样的海洋生物，有的在水底生活，有的在水面漂浮或者在水中游泳，而贝类则悬攀在岩石上！大海爱抚着大地，似乎对海岸十分倾心，从而使两种元素几乎融为一体。然后，想想空气，想想昼夜的交替！空气时而清新、凉爽，升上高空；时而变稠形成云层，吸收湿气后变成雨水降落在大地上；时而来回旋转形成风。它控制着每年的冷热节奏,支撑起鸟类的翅膀,是一切生物的生命气息。

XL

“最后还有以太,包围着这个世界其余的空间,是世界最遥远的边界。正是在这种元素中,天体喷火的形象才以令人惊叹的方式沿着各自有规则的轨道运行。太阳围绕地球转动,尽管它比地球大许多倍。它的升降给我们带来了白天和黑夜。太阳每年两次靠近和远离地球,在这个时候抵达自转轨道的两端,从而引起地球季节的更替,使它愁容满面或笑容洋溢,因此天和地似乎是欢乐与共的。

“月亮,我们的数学家已经算出它的体积比地球的一半还要多一点,它的轨道与太阳相同,时而距地球近些,时而远些,把太阳光反射到地球上来,因此月光随着月相的变化而变化。当月亮在太阳正下方并正对着太阳时,它就完全遮蔽了太阳的光辉。有时也出现这样的情形,当月亮对着太阳时,月亮就钻进了地球的阴影,这样它自己的光线一下子消失了。行星以同样的轨道环绕着地球,并同样地升落,时而运行得快些,时而运行得慢些,有时则完全静止。还有比这更加壮观、更加神奇的景象吗?还有星辰的大汇合。它们在天空中形成了各种各样的星座,人们便根据自己所熟悉的形象和形态给星座命名。”

XLI

讲到这里,巴尔布斯看着我说:“现在我想引用几段阿拉图斯(Aratus)的诗,[①]我们的朋友西塞罗在他几乎还是个孩子的时候就把它们译成了拉丁文。他的译诗非常激动人心,我都能顺口背下许多。

“现在我就开始。如我们肉眼所见,这是一种从不间断的规律性,

我们头上的星星不断地环行
日日夜夜追随着天空轮转。

一个试图理解自然的永恒法则的理智是永远不会对沉思天空的盛大场景感到厌倦的。

世界永远在自己的轴上旋转,
最远的点我们称之为两极。

“永不下落的两个熊星座(the Bear)围绕着北极。‘希腊人称

---

① 阿拉图斯,鼎盛年约为公元前 270 年,西里西亚人,晚年住在马其顿(Mecedonia)国王戈那忒斯(Antigonus Gonatas)的宫里。他是天文诗《天象》(*Phaenomena*)的作者,这部作品非常流行,被完好无损地保存了下来。这里的翻译诗句有些偏差,但西塞罗在翻译它的时候也有同样的问题!

较小的那个星座为狗尾巴座(Cynosure),较大的那个星座为旋涡座(Helice)。'[①]后一个星座的亮星通宵达旦都可看到。我们的乡下人称它为七耕牛(Seven Ploughing Oxen)星。较小的狗尾巴座的构成与旋涡座类似,星的数量一样,组合也类似,并围绕着同一个极旋转:

> 腓尼基(Phoenician)水手在海上盼望它的光,
> 尽管另一个可能更加明亮,
> 在晚上更容易看到它的闪光。
> 但这个,虽然可能看起来比较小,
> 航海者却尊它为更好的引航手,
> 因为它环行的周期比较短。

XLII

"诗人又进一步说明这些星座的伟大,

> 它们中间有一条溪流在快速流动,
> 狂怒的天龙(Dragon)上上下下地扭动,
> 它布满龙鳞的整个身子盘绕成无数个弓和弧。

这条天龙的每个部分都很神奇,尤其显要的是头的形状和火样的

① 这两个希腊名字的意思分别为"狗尾巴"和"旋涡"。

眼睛：

因为并非只有一颗星在它头上闪光
而是两束光线共同把它照亮
它燃烧的眼睛里有两团火在闪闪发亮。
灼热的下巴隐含着另一颗星星
多鳞的头部弯向尾部
从后面一瞥投向大熊。

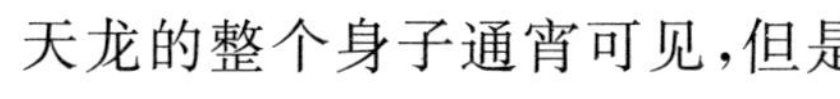
天龙的整个身子通宵可见,但是

头部几乎全部浸入大海
以一种令人眼花缭乱的速度升起降落。

“靠近天龙头部环绕着‘一个憔悴的劳苦的人的影像’,希腊人称之为‘跪着的人’。

跪着的人叙述着他的故事
日冕(the Crown)放射出全部光辉照耀附近。

“日冕在天龙后面,靠近它的头部是另一形象,捕蛇者,

奥菲库斯(Ophiúcus)是他在希腊土地上的名字,
他捉住蛇把它握在手心。

蛇痛苦地扭动着满是鳞片的身躯，
用它的尾巴缠绕着英雄的身子。
他用力踩住天蝎(Scorpion)，
它那发出威胁的颈项和怒视的双眼。

熊星座之后我们看到

熊星座的守护者，许多人称它为
熊星的驱赶者。为什么呢？
因为它睁着敏锐的眼睛
驾轭驱熊穿越天空。

然后：

在它的正下方，坐落着红宝石般的
牧夫座(Arcturus)，它的名字熠熠发光。

而在牧夫座的脚下

处女座(the Virgin)光芒四射，
手握玉米站立着。

XLIII

“这些图景难道不是在以它们巨大的有序之美向我们显示着神的技艺吗？

熊星座的头边你能看到双子座(the Twins)；
双子座下面就是巨蟹座(the Crab)，在它的螯内
托着巨大的狮子座(the great Lion)，无声地发出咆哮。

然后是御夫座(the Charioteer)，

在双子座的左下方斜着运行，
它的对面是熠熠闪光的旋涡座。
山羊座(the Goat)在它的左肩停留。

然后呢？

山羊闪闪发亮，光彩夺目，
小羊羔在附近送下一束微弱的光。

在御夫座的下面，

万能的公牛座(the mighty Bull)低垂牛角站立着，

它的头上点缀着闪闪发亮的星云，希腊人称之为许阿得斯(Hyades)*，雨的携带者。[①] 御夫座后面跟的是张开双手的仙王座(Cepheus)，紧靠熊星座运行。在仙王座前面出现的是仙后座(Cassiopeia)，

仙后闪烁着模糊的光芒
周围的群星却光彩亮丽，
安德洛墨达(Andromeda)在她母亲的悲伤中飞逝而过
旁边的马座(the Horse)抖动着火焰般的光芒，
马的侧翼在她的头旁。所以从远处看，
似乎是一个星星有着双重影子，
在天空系上一个永恒之结。
旁边站着的是白羊座(the Ram)，钩状的羊角歪歪扭扭。

靠近它的是

双鱼座(the Fishes)，其中一个比较靠前
更加接近寒冷干燥的北方。

---

* 许阿得斯即毕宿星团。——译者

① 西塞罗在此处加注说："在我们自己的语言里，许阿得斯被称为'吸食的猪'。这是一种误译。这个词的希腊词源自希腊语动词'下雨'，而与猪没有任何关系。"

XLIV

“在安德洛墨达的脚下，你可以看到英仙座(Perseus)，

那里吹着来自北极的暴风，
在它的左膝上，围绕着它的轴
昴宿星团(the Pleiades)发出微弱之光。
然后是天琴座(the Lyre)，略略倾斜，抬眼就能看见；
旁边是拍着翅膀飞过苍穹的天鸟座(the Bird)。

“靠近马座的头部你会认出宝瓶座(Aquarius)的右手，然后看到整个星座，

从它坚实的胸膛喷出一阵阵冷风
摩羯座(Capricorn)自行其道，这是一只怪兽
提坦神用他的永恒之光照着它，
随着冬天行程的过去，他的双轮战车闪着微光。

然后我们可以看到

天蝎座向上高举，熠熠发光
它的尾部拖着弯曲的天弓座(Bow)，
靠近天鸟座向前滑行

而它的另一侧则是灼热的天鹰座(Eagle)在振翅翱翔。

然后出现了海豚座(Dolphin)和

身体蜷曲弯腰向下的猎户座(Orion),

跟在它后面的是

闪亮的天犬座(Dog)炽热地燃烧着。

然后跟着天兔座(the Hare)

它不倦地奔跑。
犬尾上还滑动着南船座(Argo)
(白羊座和鳞鱼座[Fish]围绕周围)
似乎沿着河岸刷刷向前。

人们似乎看到河水绵长蜿蜒的行程

在天顶可以看到盘旋的链条
紧紧地缚住双鱼的尾巴。
靠近天蝎座的螯针上你会看到
圣坛(Altar),那里的南风在温柔地叹息。

不远处，人头马山陶(the Centaur)

使它的身体屈向脚蹄
而它的右手则在拉扯兽体；
它大踏步地走向明亮的圣坛，
夜晚降临时，九头蛇许德拉(Hydra)从下面升起。

在九头蛇的盘桓环节中

我们看到巨爵座(the Cup)在闪闪发光，
还有浑身羽毛的乌鸦的躯体，
啄食的扁嘴。靠近双子座下方，看到
与天犬星展开竞争，并取得胜利的星星。

“现在我来问你，任何一个理智健全的人会相信所有这些星座，所有这些苍穹的炫丽，会是由物质性的原子随意的活动创造的吗？那些缺乏理智和目的的自然力量，能够产生出这样的现象来吗？除非通过一个合乎理性的理智，否则它们就不能存在，而且它们的本性极其微妙，我们必须耗费理性才能领悟其中的奥妙。

XLV

“这一切都是神奇的，而宇宙的稳定性、连续性和持久性，更是远远超出我们的想象范围，更加神奇无比。它的所有部分都以同等的力量向着中心。所有的天体被一条锁链连在一起，始终保持着最佳联系。在宇宙中，自然本身就是这条锁链，它渗透在整体中，把一切都安排在一个理性蓝图中，把所有外围的部分都转而吸引到中心部分来。

“这个世界是一个球，所以它的各个部分在所有方向上都是同样均衡的。我们的地球的各个部分也都同样向中心倾斜(在一个球面内，可以说，中心就是最低点)，没有任何事物能够扰乱强大的重力。同样，位于大地上方的大海，也向大地的中心倾斜，因此它自身的形象与地球的形状一致，没有哪里会溢出或泛滥。水的上面是气，因为它很轻，所以总是向上方升高，并向四面八方扩散。气是海的延伸，它与海连接成一片，但它的本性却驱使它上升。通过与薄雾和海洋的暖气的调和，它为生物提供赋予生命的气息。反过来，气又被苍穹的最高部分即以太环绕。以太保持自己稀薄而灼热的本性，不掺杂一点固体元素，从气的上方表层开始延伸。

XLVI

“当星辰通过以太时，它们由于自身的重力而仍然保持球形，并且正是它们的球形使它们安然地控制着自己的轨道。我在上面已经做过解释，球形是最不容易遭受外来事故的形象。它们也炽热发光，它们的热来自大地、海洋和河流的水蒸气的供给(随着田野和水面受到太阳的加热，蒸汽就上升了)。由此，星辰，以及事实上整个以太,都得到滋润和补充。然后,星辰又把这些蒸汽送返大地,大地又重新吸取它们。

“在这个过程中,没有任何减损,或者只有少量蒸汽被星辰的火和以太的烈焰消耗。

“我们学派的哲学家认为,最终的结果(尽管据说帕奈提乌斯[Panaetius]曾经对这个结论表示过怀疑)是整个宇宙将消耗在火焰中;因为,当所有的水都被吸干了之后,空气中就没有源泉可以吸取,剩下来的就只有火。从这团圣火中将诞生一个新的极为壮观的宇宙。

“我不能在星系和星辰问题上谈得太多了。我还需要说的一点是,行星行动各异,但却发出一种谐音,在这个系统中,上面的土星结冰打冻,中间的火星火光熠熠,两星之间是散发着温和之光的木星。火星下面是太阳的另外两颗卫星。太阳把自己的光线洒向整个世界,月亮则以它的反射之光使万物随着季节的变化孕育、诞生和成长。

“有谁对这种事物的和谐不会表示惊讶,对这首显示自然安康的合奏曲不会表示惊讶?如果有这样的人,那么我敢肯定他从来没有思考过这类事情。

XLVII

“如果我们从天体转向地上之物,我们也能随处看到自然中存在着类似有意识的理智的迹象。生长在土壤中的植物有主干,使它们能保持稳定,拥有力量,同时又通过根部从土壤中吸取汁液,使植物得以滋养。树干有树冠和树皮覆盖,防热御寒。藤本植物用卷须(就像用细小的手)抓住支撑物,像爬行动物那样高高攀升上去。如果在它们边上种下卷心菜,据说它们就会避开,不能忍受与卷心菜的任何接触,就像躲避可恶的有害的东西。

“再想想各种各样的动物。是什么力量使它们保持自己的种类?有些披着兽皮,有些裹着绒毛,有些长着多刺的棘毛,还有的覆盖着羽毛或鳞片。有些动物长着角作武器,还有些能在飞跑中找到藏身之所。自然还为每一种动物提供了品类繁多的食物。

“我还可以解释它们怎样在各方面都被设计得能够最精致、最灵巧地去获得食物并消化它们,我可以描述它们的躯体的神奇构造。它们内脏的形成和安排没有任何多余的部分,没有任何维持生命所不必要的成分。

“自然赋予动物感觉和胃口,胃口使它们会去寻找食物,感觉使它们能够辨别什么对它们有用,什么对它们无用。有些动物通过奔跑捕获食物,有些通过爬行,还有些通过飞翔或游泳。有些动物用牙齿和下巴抓住食物,有些用爪子或用弯曲的嘴巴抓住食物。有些动物吸吮食物,有些则撕扯食物;有些吞咽,有些咀嚼。有些动物身体很小,可以轻易地用嘴巴从地面上攫取食物,有些动物比较高大,比如企鹅、天鹅、鸥鹭、骆驼等,自然为它们配备了长长的头颈。大象甚至还有一个长鼻子,不然,它的躯体会使它很难抓到食物。

XLVIII

“对于那些以其他动物为食的动物，自然也赋予它们力量或速度。自然赋予每一种动物特别的技能和灵活性。以蜘蛛为例。有些蜘蛛织网捕食；有些在灌木丛中设下埋伏，捕食从旁路过的小虫。有一种壳状鱼，背上有两个巨大而平整的壳，与小虾蛄结成联盟获取食物。当一条小鱼游进张开的壳以后，虾蛄就咬它一下表示可以把壳合上了。两个完全不同种类的生物竟然联合起来共同寻找食物。这里有一个问题，它们之间是否有某种协议，或者它们的本性从一开始就是一样的。那些出生在陆上的水生动物也同样神奇。例如鳄鱼、海龟，某些水蛇。它们都出生在陆地上，一旦可以运动了，它们就去寻找水源。我们也经常看到，母鸡蹲在鸭蛋上，还会哺养它们孵化出来的小鸭，似乎它们就是自己的幼仔。但是小鸭子一看到水，就会离开母鸡跑向水中，就像回到它们的自然之家。这样一种自我保存的本能是由自然植入所有生物中的。

XLIX

“我在某处[①]读到过关于一种名叫琵鹭（the spoonbill）的鸟。饿了，它会跟在别的潜入水中觅食的鸟后面。当那只鸟嘴里衔着鱼钻出水面时，琵鹭就攻击它的头部，直到夺走这只鸟掉下的猎物

① 亚里士多德，《动物志》，第九卷第10节。

为止。还据说,这种鸟在大吃一顿壳状鱼之后,用胃里的热量把它们预先消化一下,然后又把它们吐出来,选择那些对它有益的东西来吃。海蛙据说是先用泥沙把自己盖起来,然后潜伏在水边。当鱼游近来吃诱饵时,它就将其捕来吃掉。鸢的爪子上似乎带着一种天然的仇恨,每当它们飞过其他鸢蛋时,都要将其毁灭。在众多如此惊人的自然现象中,亚里士多德注意到了天鹅的飞行方式。它们在越过海洋迁徙到温暖地带时排成三角形的队形。三角形的顶角劈开迎面而来的空气,这样,空气就沿着三角形的两边掠过。采用这种方式可以使它们的飞行变得更加轻松,它们的翅膀就像在船舷两侧划动的船桨。三角形底部就像船尾,展开一个平面挡住顺风。这样,飞在后面的鸟就可以靠在飞在前面的鸟的背上休息一下颈和头。头鸟不能这样休息,因为没有鸟让它依靠。因此当它累了,它就飞到后面,另一只已经休息好了的鸟代替它的位置。在整个行程中,它们不断地这样轮换。我还可以举出其他许多例子,但以上所说已经足以证明我的观点。你会了解动物惯用的寻找自己的躲避处的方法,在吃食时、睡觉时始终保持警觉,在它们的巢穴里隐蔽得非常好。

L

“狗通过呕吐,埃及的朱鹭通过清洗来医治它们的消化不良症,而我们的医学家直到最近几十年才发现这种治疗方法,这难道不令人注目吗?我还听说过,某些地区的黑豹知道一种解毒药,当它们吃了诱捕用的毒肉后,只要能够及时找到一些解药,它们就不会死。而克里特岛(Crete)上的野羊如果被毒箭射伤,它们就会去找一种叫做若牛至的草,一吃下这种草,箭就会从它们的身体落下。雌马鹿在产下幼仔不久,就会用一种叫做鹿耳朵的草清洗身体。我们还看到,每一种动物都知道如何用自己的武器抵御敌对力量和外来的威胁。公牛用自己的角,公猪用獠牙,狮子用牙齿。还有的动物通过飞行或者隐蔽来保护自己。乌贼喷出一种黑色液汁。鲥鱼则会发出一阵阵令人昏迷的电击。还有许多生物通过放出恶臭来驱逐追捕者。

LI

"为了保持整个世界的构造,为了保存所有种类的动植物,神意提供了聪明的给养。所有生物都有类似于种子的东西,能使一繁衍为多。种子深深地包藏在每棵树的果实之中。果实可以解救人的饥饿,而大地上长满了新生的树木。同样的智慧也用于保存各种动物。为了种的繁衍,它们被自然设计成有雄性和雌性之分。它们具有非常适宜怀孕生育的那部分躯体,无论是雄性还是雌性动物都有强烈的交配欲望。这样,当种子植入适宜的地方,它就会吸取各种营养,在子宫内形成胚胎。胎儿一降生,母亲的所有食物几乎都转化成奶汁,而新生幼仔则会本能地寻找母亲的乳房,不需要任何指导,从母亲那儿吸取营养供给自身。一胎多胞的动物,比如猪、狗,还有许多个奶头;而不是一胎多胞的动物则只有几个。这种现象又一次表明,没有任何事物的产生是偶然的,一切事物都由神意做了明智的安排。再看看动物怎样指导和教育幼仔,直到它们能够自己保护自己。然而，我们知道，鱼一产下鱼卵就抛弃它们，因为它们可以轻易地漂浮在水面上直到幼鱼繁殖出来。

LII

"据说，乌龟和鳄鱼产卵后，只是用泥土把卵盖起来，然后就离开，让它们自己孵化，自己生长。母鸡和其他母鸟则要寻找一个安静的地方筑巢生蛋，并把四周尽可能柔软地围起来使蛋既安全又温暖。当它们孵出了幼仔之后，就用自己的双翼为它们御寒，为它们抵挡酷热的太阳。到了幼仔能够利用自己的还很稚嫩的双翼时，母亲就教它们如何飞翔，等翅膀长硬了，就让它们自己去生存。

"人类的工作和技艺也为某些动植物提供了保护。事实上，若无人的照顾，许多植物是无法存活的。在世界的许多地方，自然也为人类进行耕耘提供了大量不可思议的机会。埃及有尼罗河(the Nile)灌溉，夏季洪水满溢，秋季洪水退去，留下松软而肥沃的泥土适宜耕种。幼发拉底河(the Euphrates)滋养着美索不达米亚平原(Mesopotamia)，可以说它每年都重新创造这片土地。印度河(the Indus)，世界上最伟大的河流，不仅用它的流水使土地变得新鲜而松软，而且播下河水携来的大量谷物的种子。我还可以举出许多其他的例子表明大地非常肥沃，能够生长各种各样的果实。

LIII

"自然又是多么仁慈，在不同季节提供不同的令人心怡的食物，使我们能够享受到变化和富足的愉悦！地中海的季风是多么令人激动，它减缓了夏天的酷热，给人、牲畜、草木以及每个生物带来了健康！它也为水手们提供了安全而高速的航行。尽管可以找出大量这样的例子，但我只能都略过了。我不可能罗列所有丰产的河流，涨落的海潮，布满植被的山脉，远离海洋的内河，大地上富裕的药材，为我们的生存和供养所必需的无数设置。昼夜的更替也是为了保全所有的生物，使它们有时间活动，也有时间休息。

“从这些讨论中，我们必然可以得出结论：世界上的万事万物都由神的意愿和智慧做了精心安排，使我们大家能够平安和保全。

“有人会问，‘这项伟大的创世工程是为谁进行的呢？’为了花草树木吗？若是这样，就显得很荒唐了，因为尽管自然供养着它们，但它们没有感觉或感情。那么是为了动物吗？但诸神似乎不大可能为没有理解力的迟钝的生物兴建如此伟大的工程。那么这个世界到底是为谁而造的呢？肯定是为了那些具有理性的生物。因为理性是最高的品性。因此我们完全可以相信，整个世界和世上的一切都是为诸神和人类创造的。

LIV

“如果我们考虑到人的完整造型，他的形象和完美，我们就可以很容易明白不朽的诸神对人的关怀。动物的生命有三类基本的需要：食物、水分和空气。

“嘴巴用来吸收所有这些东西，再加上呼吸空气的鼻子。安置在嘴里的牙齿可用来嚼食，咀嚼和软化食物。前齿尖可用来啃咬和分离食物。后齿，即所谓臼齿，则把食物磨碎，这个过程似乎还需要舌头的协助。咽喉与舌根相连，并首先接收送进嘴里的食物。嘴的两边连着扁桃体，远及腭的两端。

“咽喉接收到被咽下的食物，起先似乎是被舌头的迅速运动推下来的，而咽喉又把它继续向下推。下半部分咽喉可以咽下稀薄的食物，上半部分则可吞下浓稠的食物。

“气管的入口连着舌根，稍高于舌头与食道的连结处，食道则一直通向胃部。气管接收吸入的空气，然后又从肺部呼出。气管的入口有一种盖子样的东西保护气管不会被任何意外吸入的食物堵塞。

“食道下面是胃，像一个容器吸收我们吃喝进来的所有东西，同时心和肺吸入空气。许多奇妙的过程发生在胃里，它是一个肌肉的综合体，卷曲、盘绕，这样才能抓住并压缩它所接收到的干的或湿的食物，然后通过消化过程把它们吸收。胃时而收缩时而松弛，把它接收到的一切食物进行压缩和混合。这样，我们所有的食物都很容易消化，食物被消化过程和呼吸空气时产生的热所消耗，营养则被输送到身体的每一部分。

LV

“肺松软而多孔，用来呼吸空气。肺收缩时呼出空气，张开时则吸入空气，从而不断地供应生物存活首先必需的活性元素。

“胃使食物分泌出营养汁，这种营养汁通过某些直接导向所谓‘肝脏之门’的管道从肠到达肝，这肝脏之门延伸至肝并与之连结。

从肝又延伸出其他管道，通过这些管道营养汁从肝继续下传。脾吸取了它（以及后来从肾释放出来的流体）以后，食物的剩余部分就被转化为血液，又流回到肝脏之门，所有管道都返回那里。经过这番循环，营养汁被注入中空的静脉，在心脏被彻底消化。然后，心脏通过血脉之网把它分配给身体的各个部分。

“我们可以很容易地解释肠的伸缩运动如何将食物的残渣排泄出去，但在此作细节上的描述恐怕会令人反胃。

“因此，我还不如强调一下我们身体的另一个神奇之处。被我们吸入肺部的空气由于和肺部接触而被加热。空气的一部分在我们呼气时排出，另一部分被吸入到心脏的一个心室中。血液通过我已经提到过的‘中空的静脉’（vena cava）从肝流入另一心室。因此，由于这些器官的作用，血液通过血脉充溢整个身体。大量的静脉和动脉密密地交织在整个躯体中，为神圣工匠的神奇力量做了见证。

“然后是骨头，令人惊奇地构成身体的构架，它被设计成刚好能够保持身体的稳定，构成我们的四肢，适宜做各种形式的运动和身体的活动。

“最后还有肌腱，把我们整个身体的关节都连结起来。这些肌腱很像从心脏向整个身体扩散的静脉和动脉。

LVI

“我可以引用其他许多例子证明自然之神意的明智和细心，这些都表现了诸神赐予人类的仁慈的巨大恩典。自然使人在地上直立行走，使他们笔直向上，从而能够仰望上天，获得关于诸神的知识。人不只是地上的生物，而且也是苍穹的观察者，可以看到他头顶上的苍穹中的一切。这种观察是他独有的，其他任何动物都不具备。感官是对我们周围世界的传信者和解释者，它们长在人的头部，就像处在瞭望塔上，每个器官都有专有的功能。眼睛作为观察者占据着最高位置，可以看到最广阔的领域，所以能最好地履行它们的职责。耳朵正好位于头的两侧，因此能够捕获不断向上传递的自然的声音。所有气味都是向上升腾的，所以鼻孔的位置也很高，并且由于它们对我们享受食物有重要作用，所以它们正好靠近嘴巴。味觉器官要能区别食物的不同种类，所以被安置在脸部，处在自然为我们提供的食物和饮料的入口处。相反，触觉散布于整个身体，这样我们就可以感受到任何接触或者超过恒温的冷热。正如在建造房子时，建筑师总是想方设法挡住住在里面的人的视线，消除他们发出的气味，因为他们发出的气味不可避免地会有冒犯。同理，自然把所有这些肉体器官的功能降到我们自己无法感觉到的地步。

LVII

"大自然比一切事物更加精妙，又有哪位工匠能够如此灵巧地造出我们这样的感觉器官？自然赋予我们的眼睛最精致的视网膜，这层透明的膜不但使眼睛获得清晰的视觉，还能够安全地容纳眼泪。眼睛被造得极其灵巧，使它能够迅速避开任何有害的事物，能够想看哪里就转向哪里。真正的视觉器官是瞳仁（pupula），或被称为小木偶(pupa),小得足以避免受伤。[①]

“然后是眼睑,非常柔软又不妨碍视觉,自然把它们精心设计得能够迅速开启和关闭,这样就没有任何东西能够进入眼睛。眼睑就像由毛发组成的栅栏。这些栅栏的职责是,当眼睛张开时挡住任何东西进入眼睛,当人睡觉时,双眼会合上不再想看东西,此时眼睑也就休息了。还有,眼睛的位置是凹进去的,每边都有突出物加以保护。眼睛上方,由于有眉毛的阻挡,使得额头上的汗水不会流进眼睛,而稍稍鼓起的脸颊则在下面保护它们,鼻子则像位于双眼之间的一垛墙。

“与眼睛不同,我们的耳朵总是开着,因为我们甚至在睡觉时也需要倾听,这样,一听到什么声音我们就能惊醒。内耳的蜿蜒曲折使得外物无法进入耳内,如果入口是笔直而简捷的话,外物就能跑进去。大自然甚至使企图进入耳朵的最细小的生物都会被耳垢粘住。耳朵从头部伸出去,以保护听觉器官,防止声音在进入感觉器官之前就飘然而逝了。耳朵的入口坚硬而多软骨,有许多复杂结构,其功能是反应和扩大声音,就像有一种七弦琴,用玳瑁壳或牛角产生弦音的回声。或者如同声音通过狭窄的回旋形走廊时发出的回音,从而获得扩音效果。

“鼻孔肯定是始终张开着的,它们的入口也比较小,以防止任何有害物的侵入,它们还始终保持湿润以防止灰尘和异物。

“味觉器官更是被掩藏在嘴巴里面,随时可用,同时始终受到

---

① pupa一词为拉丁文,与之相对应的希腊文为kore,瞳仁被称为小木偶是因为它反映着观察者的影像,像一尊小小的偶像。

完全的保护。

LVIII

“人的感觉要远远胜过动物的感觉。人的视觉是最优越的，眼睛就是判官，诸如绘画、塑像、雕刻，我们有非常敏锐的眼睛注意运动和姿势。我们的眼睛还能判断魅力与和谐，它还是各种各样形象和颜色的适宜程度的判官。更重要的是它们能够区分好坏。它们能判别某人是高兴还是生气，是愉快还是悲伤，是勇敢还是怯懦，是大胆还是害羞。我们的听觉也具有分辨声音和管弦乐器发出的许多不同信息的神奇力量，能鉴赏音调和音量，还能分辨许多不同的音质，哀伤的或是沉闷的，圆润的或是嘶哑的，低沉的或是尖锐的，坚定的或是犹疑的。只有人的耳朵才能对如此这般的差异作出鉴定。我们还有嗅觉、味觉和触觉这些伟大的感觉能力。为了使这些感官愉悦，人们发明了许多艺术，也许比人们所能想象的还要多，我们都会注意到，在香料的混合方面，在按时令供给食物方面，在服饰的豪华方面，我们已经走得有多远。

LIX

“至于说有些人不知道人的理智和灵魂具有推理、判断和预见的能力，不知道神已经使这些能力十分完美，在我看来，这样的人似乎本身就缺乏这些能力。我希望，科塔，在讨论这个问题时，我拥有你的口才。我不知道你会怎样表述这个问题？你会引用我们的智力和对因果法则的理解吗？依据这种法则，我们就能从给出的前提中推出结论，并把这个过程用逻辑词汇表达出来吗？根据这种方法，我们能够简要而又完整地界定具体事物吗？我们应当怎样进一步理解神的最高恩典，自然和知识的力量？

“你们学园派想要削弱甚至消除的那些力量也是非常伟大的。我的意思是，通过感觉我们能够领悟和理解我们周围的世界，通过综合与分析我们能够设计出为我们的利益和消遣服务的生活技巧。我们还有奇妙而类神的语言天赋。你们学园派不是也把语言称为‘世界的女神’吗？通过语言我们能够学习万事万物，否则我们就会一无所知；而且即使有所知，也不能把我们的知识传授给他人。通过语言，我们能够鼓励、说服、安慰悲伤者，驱除恐惧，抵制鲁莽，平息愤怒或诱惑。正是语言把我们都连结在公正、法律和公民关系的锁链之中。语言使我们脱离茹毛饮血的野蛮状态。

“对那些没有研究过自然怎样艰难地赋予我们这种语言天赋的人来说，这几乎是不可思议的。首先，从肺部到口腔有一段空间，表达思想的声音通过这段空间被发射出来。在口腔里则由舌头和牙齿帮助发出声音。这些部位限制了声音的自然流动，用舌头抵住牙齿或是其他部位就能控制语音语调。由于这个原因，舌头常常被我们这一派的哲学家比作拨动琴弦的琴拨。牙齿被比作琴弦，鼻孔被比作扬声器，琴弦一拨动，扬声器就发出回声。

LX

“最后，自然赋予我们手，如此灵巧的工具，适用于任何一种手艺。柔韧的指关节使得手指头可以轻易地伸开攥紧，使得各种动作都很方便。通过手指头的活动，可以绘画、塑像、雕刻，也可以演奏弦乐和管乐。

“这一切都是为了我们的愉悦。而手同样也为我们的需要服务，土地的耕耘、楼房的建造、服饰的缝制以及青铜铁器的制作，都是手在起作用。

“这样，我们看到感觉材料如何导致思想观念的产生，而工匠的手则把这些观念转变为现实，从而满足我们的所有需要，保证我们的衣食住行，给予我们城市、围墙、家园和庙宇。借助灵巧的手，我们为自己找到大量丰盛的食物。大地为探索的手提供了许多果实，这些果实可以即食，也可以储藏。我们还捕获或有目的地养殖一些陆上、水下、空中的生物，以此为食。我们能够驯服和驾驭四脚牲畜，使它们的速度和力量为我们所用。我们给有些牲畜套上轭，有些则直接用来负重。为了自己的目的，我们开发大象的灵敏感觉，利用狗的精明。我们从地底下挖出铁，对土地进行必要的耕作。我们搜寻深埋在地下的铜、银、金，既为了实用也为了装饰。我们砍伐树木，利用各种各样的野生植物和种植的植物，为了取暖和烹调食物，我们发明了取火。我们也建造房子，使头上有屋顶可以避暑御寒。我们还用这些材料造船，航行到任何地方去获取我们的生活所需。只有我们人类才能利用航海知识来驾驭自然的强大力量，即海洋和风浪，从而使自己能够充分享受海洋的富饶。我们还拥有陆地上的所有果实。我们有高山平原，也有河流湖泊。我们播种谷物，种植树木。我们通过灌溉使土壤变得肥沃，我们在河中筑坝以引导流水符合我们的意愿。有人说我们用自己的双手

创造了第二个自然。

LXI

“甚至苍穹也对人的心灵开放。只有人才会去追踪星辰的升降。人制定了日、月、年。只有人才明白什么是日蚀和月蚀，只有人才能预测它们何时将会发生，是偏蚀还是全蚀。当理智沉思这些现象时，它同时也获得了关于诸神的知识。这样就产生了宗教。伴随着宗教而来的还有仁慈以及构成善之生活的所有美德，善的生活就是神的生活的反映。除了在道德方面稍逊一筹外，我们没有任何地方比诸神低劣，道德的缺乏也绝不会阻碍我们生活得很好。在解释这些事物时，我想我已经清楚地表明了人的本性如何优于所有其他动物。从中我们可以推论，构成这样一种形象和肢体、造就这种理智的力量绝不可能只是一种偶然性的结果。

LXII

“在结论中我必须指出，我们所享有的世界上的万事万物都是为我们创造和安排的。宇宙本身的创造既是为了神，也是为了人，宇宙中的一切都是为了人的利益而设计安排的。宇宙似乎就是诸神和人的共同的家园、共有的城市。只有他们才具有理性的力量，才能根据公正和法律生活。正如我们必须承认，雅典和斯巴达是为雅典人和斯巴达人建立的，这两个城邦中的一切也可以说是属于它们的人民的，同样，宇宙中的一切也可以说属于诸神和人类的。太阳、月亮和星辰的行程是宇宙结构中的基本部分,但即使是它们,也向人呈现一幅神奇的景象。这是我们永远不会厌倦的景象,美得无法用语言来表达,是智慧和艺术的佳作。只有人才能确定星辰的运行轨道并知道它们的时令和季节、变化和转换。如果只有人知道这些,那么我们必然会推论,它们是为了人的目的才被创造出来的。大地也一样,她养育了形形色色的果实和丰富充裕的谷物,你认为她是为了人还是为了动物养育出这些东西的?葡萄和橄榄又怎样?它们多汁美味的果实与动物毫不相干。动物对谷物的养殖、果实的适时采摘收获,或者果实的保存和储藏都一无所知。所有这些事都只有人才会去利用和关心。

LXIII

“你难道不认为长笛和七琴弦是为那些能够使用它们的人造出来的?同理,你必然承认我提到的所有这些事物都只是为那些能够从中获益的人们创造的。即使有时动物抓取或偷窃一些果实,我们仍然不能说果实是为动物而创造的。人们不是为了老鼠和蚂蚁的利益去种植粮食的,而是为了他们的妻子、孩子,以及为他们的同胞。如我所说,动物可能会偷偷地享受果实,而人则公开而自由地享受。因此我们必须承认,所有这些事物是提供给人使用的。地球上的所有丰富多彩的果实,不仅娱乐了味觉,而且也娱乐了嗅觉和视觉,我们能够怀疑这是自然唯独赐予人类的礼物吗?因此,地上的果实非但不是供给动物的,而且我们看到动物本身却是被创造出来为人服务的。绵羊除了为人类提供制衣材料(即羊毛)外还能服务于什么目的？如果不是因为我们的牧养和关心，它们不可能生产任何东西，甚至无法维持自己的生存。再想想狗，它是如此忠于看守，如此热爱崇拜它的主人，如此憎恨陌生人，在追踪时它的嗅觉是何等灵敏，在狩猎中它的反应是何等敏捷。这些都只能表明，它生来就是为人服务的，看看牛。它的背不适宜载重，但它的脖子生来就是为了放轭的。看看它的肩膀的长度和宽度刚刚适合拉犁。诗人告诉我们，黄金时代的人类从来不做有害于牛的事，因为牛耕作土地。

> 然后出现了使用黑铁的人类
> 他们竟敢首先制成致命的弓箭
> 并且大吃他们用双手养殖的牛。①

牛为人提供的服务被认为是如此巨大，以至于吃牛肉被认为是一种罪过。

LXIV

“用骡子和驴子的功能作例子会很乏味，但也可以清楚地表明它们都是为人所用的。猪除了被食用外还有什么用处呢？事实上，克律西波斯说过，猪的生命只不过就是防止它腐烂的盐而已。在自然创造的动物中，猪是最多产的，这恰恰是人类的食物所需。

---

① 引自西塞罗翻译的阿拉图斯的《天象》(同前)的另一版本。

再想想各种美味的鸟类和鱼类。它们给我们带来了许多享受，有时甚至可说，我们斯多亚主义者所信仰的这个神本身就是一个伊壁鸠鲁学说的信奉者！但也只有人的智慧和灵巧才能捕获这些被造物。我们也相信，有些鸟，如预言家们所说的飞翔的鸟和能表意的鸟，生来就是为了能带给我们关于未来事物的预兆。我们在狩猎中捕获猛兽，狩猎既是为了取食，也是一种模拟军事训练的练习；我们同时也训练被捕获的野兽，使它们为我所用，就像我们驯服大象那样。我们还从动物的身体中提取许多治病疗伤的药物，就如我们从树根草木中提取一样，在长期的使用和试验中我们已经逐渐了解了它们的用途。让你的理智之眼掠过大地和海洋，环视广阔肥沃的平原、树林茂密的山脉、郁郁葱葱的草原和不可捉摸的湍流。再想想许多不是生长在地表而是深藏在地下的有用的东西。这些东西也是为人所用的，并且只有人才能找到它们。

LXV

“在我看来，上述关于预言的天赋是神为人谋福利的最好证明，尽管我知道你们两人很可能会马上对我进行反击。科塔反击我是因为卡尔涅亚得斯总是热衷于批评斯多亚学派，威莱乌斯反击我是因为预言未来事件是伊壁鸠鲁最喜欢干的事。预言的天赋在许多地方、许多时候，无论是在私人事务还是在公共事务中，都是自明的。许多事件已经由神谕、预言、梦和预兆作出预测。人们一直受益于这种知识，避免了许多危险。不朽之神把这种预言的力量，或者说技艺，或者说天赋，唯独赋予了人。如果单个的例子不能令你信服，那么整个世界的联系与和谐必定能使你信服。诸神的神意不仅关怀人类而且也关怀个人。因此让我们逐渐越出抽象的人类概念，抵达到较小的群体的人，一直到个体的人。

LXVI

“如果根据上述理由，我们能够相信诸神关怀所有人，每个海滨、每个国家的人，不管他们离我们自己的国家有多远，那么诸神也必然关心与我们为邻的、住在这片处于东西方之间的土地上的人。如果诸神关心所有定居在这个我们称之为‘大地之环’的巨岛上的人们，那么它们必然也关心那些住在它的每个部分的人们，即欧洲人、亚洲人、非洲人。它们也必然关心罗马人、雅典人、斯巴达人、罗得岛人。它们必然不只是爱那些构成整个城邦的公民，而且也爱具体的个别的公民，比如抗击皮洛斯（Pyrrhus）的库里乌斯（Curius）、法伯里基乌斯（Fabricius）、科隆塞阿努斯（Coruncianus），还有第一次伽太基战争（Carthaginian War）中的卡拉提努斯（Calatinus）、都厄利乌斯（Duellius）、麦特卢斯（Metellus）和卢塔提乌斯（Lutatius），还有第二次伽太基战争中的玛克西姆（Maximus）、玛凯卢斯（Marcellus）、阿菲里卡努斯（Africanus）。以后还有保卢斯、格拉克库斯、伽托，以及我们父辈时代的斯基庇俄和莱利乌斯（Laelius）。罗马人和希腊人都产生了许多这样的英雄人物，若没有神的帮助，我们无法相信他们能够成为这样的英雄。正是这种想法激发了诗人，尤其是荷马，于是他把某些神与大英雄联系起来，比如乌里西斯（Ulysses）、狄俄墨得斯（Diomedes）、

阿伽门农（Agamemnon）和阿喀琉斯（Achilles），在各种艰难困苦中与他们相伴相随。如我前述，神频繁地以真实面目出现，表明它们对人类、对民族的关心，这种关心也可以从它们提供的关于即将发生的事情的迹象，从它们给予醒着的和睡梦中的人的预兆中得知。诸神经常通过各种预兆和启示，以及许多其他方式，向我们发出警告，这样，日常的观察就发展成为占卜术。没有一个伟人不具备一点儿占卜能力。我的论证并不是说，如果一个人的庄稼或葡萄园被风暴毁坏，或者遭受其他什么损失，我们就可以认为他是一个无知的人，就会遭到诸神的憎恨。诸神只关心大事，它们对琐事不感兴趣。在伟人们看来，如果充裕和富饶都来源于善，那么事物总会变得比较美好，而这正是我们斯多亚学派的导师和哲学之父苏格拉底曾经教导过的。

LXVII

“这些就是关于诸神之本性在我看来必须要说的话。科塔，如果你同意我的观点，那么我希望你赞成我提出的理由，同时请记住你的公众形象和祭司的双重身份。作为一个学园派的学者，你可以采用争论双方任何一方的论证，不过我还是希望你会赞同我的论证，为此，请施展你雄辩的口才，你受过演说家的训练，在学园里又受过长期的锻炼。反对诸神总是一种邪恶而亵渎的行为，不管反对的理由是出于信仰还是出于假托。”

第　三　卷

I

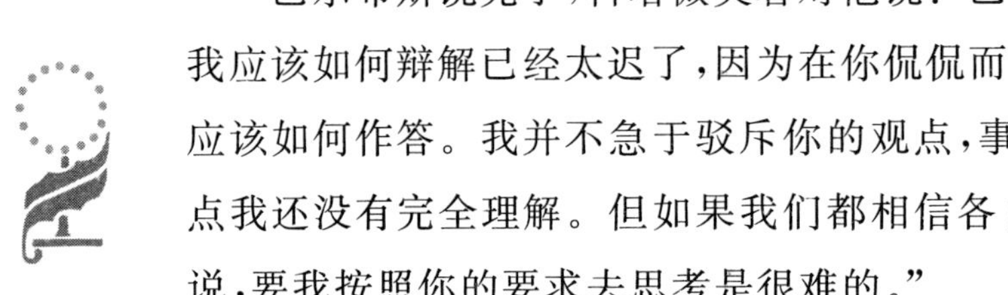

巴尔布斯说完了，科塔微笑着对他说：“巴尔布斯，你现在建议我应该如何辩解已经太迟了，因为在你侃侃而谈时，我就一直在想应该如何作答。我并不急于驳斥你的观点，事实上你讲的许多论点我还没有完全理解。但如果我们都相信各自的判断，那么我得说，要我按照你的要求去思考是很难的。”

这时，威莱乌斯说话了：“好了，科塔，你不知道我是多么渴望听到你的观点。你对伊壁鸠鲁的反击使我们的朋友巴尔布斯感到高兴。现在，该轮到我带着极大的兴趣来聆听你如何反驳斯多亚学派了，因此我希望你能一如既往，尽可能简明扼要地切入我们的论题。”

科塔说：“好的。但是我与卢齐利乌斯不曾有过与你那样的争论。”

“是吗？”威莱乌斯问。

“因为在我看来，你所崇拜的伊壁鸠鲁似乎并不在严肃地讨论诸神的问题。他只是不敢否定诸神的存在，免得不受公众欢迎，或者招致渎神的指控。他说诸神是懒散的、冷漠的，还把对它们来说毫无用处的人的身体给了它们。在我看来，他在讨论这个问题时毫无诚意，以为只要承认这些快乐的不朽的存在者是存在的就足够了。

“我相信你已经注意到巴尔布斯对诸神谈得很多，并且他所说的每一件事即使是错的也都有内在联系。因此，如我所说，我内心并不急于驳斥他的论点，有些论点我甚至还不完全理解。所以，巴尔布斯，我把问题留给你，不知你是愿意逐个回答我就那些不完全赞同的观点所提出的问题呢，还是愿意先听听我对你的总体评论，然后再回答我的问题。”

“如果你只想做些进一步的解释，”巴尔布斯说，“那么我宁愿随遇而安。但如果你向我提问不只是为了解释，而是为了驳斥我的观点，那么我愿意像你一样，一次性回答所有问题或者在最后一起回答。”

“很好，”科塔说，“那么就让争论本身带领我们前进吧。”

II

“在开始之前，让我先自我辩解几句。我敬畏你的威严，巴尔布斯，在你的发言结束之时你还要我记住我是科塔，是一个祭司。我把你的意思理解为：我应该捍卫我们从祖先那里继承下来的关于不朽的诸神的信仰，以及所有与这种信仰相伴的祭仪和神圣的仪式。我将永远捍卫它们，正如我从前所为。没有任何人，不管是有学问的还是没有学问的，能够说服我放弃从祖先那里接受的关于诸神崇拜的观念。

“涉及宗教仪式问题，我赞同诸如科隆塞阿努斯(Titus Coruncianus)、斯基庇俄(Publius Scipio)、斯凯沃拉(Publius Scaevola)这些宗教权威的观点，而不是芝诺、克莱安塞斯或克律西波斯这些人的看法。我宁愿聆听莱利乌斯，[①]一名哲学家和预言家，以杰出的口才来谈论宗教，而不愿听取任何斯多亚学派大师的谈话。

“我们整个罗马宗教可以分为两部分：崇拜和仪式。如果把来自占卜家们的预言和西比尔的启示算在内，那么还有第三个部分。我的思考从来不具备我们宗教中的这些特点。我甚至想要使自己相信，洛摩罗斯对预兆的读解和努玛对宗教仪式的讲授共同奠定了罗马国家的基础，若没有诸神的恩惠，罗马是不可能发展成今天这样强盛的。

“现在，巴尔布斯，你知道作为一名祭司的科塔的观点了吧。那么你必须向我解释你自己的一些观点。我相信祖先传授给我们的东西，尽管他们没有说明理由。但你，作为一名哲学家，我有权要求你为宗教信仰给出一个合理的解释。”

III

“当然可以，”巴尔布斯说，“那么你想要我解释什么呢?”

“你把你的论证分成四个部分，”科塔说，“你试图证明神圣的存在者是存在的，你努力解释它们的本性，它们如何统治世界，以

① 莱利乌斯于公元前143年反对并否决了以公民投票的选举体系代替预言家共选的提案。

及它们对人类事务的关心。如果我记得不错,这就是你对论题的划分。”

“没错,”巴尔布斯说,“但我仍在期待你的问题。”

“首先,”科塔说,“我想讲的是一个除了渎神者以外大家都承认的信念,这个信念当然也从未在我的心里消失过,那就是关于诸神存在的信念。我相信诸神之存在是因为这是传统的权威观点;但你并没有向我说明为什么应该相信它。”

“如果你已经相信它的真理性,”巴尔布斯说,“为什么还要我来证实它呢?”

科塔说:“因为我希望自己作为一个从来没有听说过神圣的存在者存在或者从来没有想过这种问题的人来探讨这个问题。请把我看作一个新来的无知的学生吧,并且告诉我想要知道的东西。”

“好吧,”巴尔布斯说,“那么再问一遍,你的问题是什么?”

“我的问题是,”科塔回答说,“你为什么要成篇累牍地讨论一个你说过不需要加以讨论的问题?你认为它是显而易见的,众所周知的。”

“因为我经常注意到,科塔,每当你在法庭上作辩方演讲时,尽管你完全可以简明扼要地说明问题,但却总是尽可能对着审判员滔滔不绝。哲学家们也总是这样,所以我也这样做了,尽我所能详细地进行论证。你提的这个问题就好比问我:在我用一只眼睛就足以把你看得清清楚楚的时候,为什么要用两只眼睛看?”

IV

“你会看到它们是否相似，”科塔说，“首先，在法庭上讨论双方都承认的显而易见的事实并不是我的习惯。显而易见的事实经过浮夸的论证只能变得模糊。即使我在法庭上这样做过，我也不会在这类错综复杂的问题上轻率从事。你有两只眼睛，并且自然，这个你所相信的充满智慧的自然，为你配置了光线从双眼通向大脑的两个通道，而你却只用一只眼睛看我，这是毫无道理的。事实上，你很怀疑这个命题是否如你所说的那样明显，因此你急于用许多论证来巩固诸神的存在。对我来说，只需一个理由就足以论证诸神的存在，即这是我们祖先的传统信念。而你鄙视权威，诉诸理性。那么让我来看看你论证的基础吧。你展开所有这些论证来证明诸神是存在的。但正是由于这些论证使你产生了某些疑惑，而我的内心则根本无疑惑可言。

“我想我能够按你展开的顺序记住所有论证。你的第一个论证是，当我们仰望天空时我们即刻就能得知必然存在着某种统治着天空的神，你还引用了诗句：

抬眼看那明亮的苍穹，
人们都称之为朱比特。

“这似乎是说，我们大家都真的把朱比特的名字赋予苍穹而不是指朱比特神庙中的朱比特神。你认为这些东西[1]是神圣的，认为这种看法是显而易见、一致公认的，而这些东西在威莱乌斯以及其他许多人看来根本没有任何生命。你似乎在为这个论证增加更多的分量，认为诸神存在这个普遍信念日渐有力。但是，你，一个斯多亚主义者，属于一个把愚蠢视作精神失常的学派的人，难道会满足于由傻瓜来对这些问题作出最终的判断吗？

V

“然后你说诸神真实地向人显现，[2]还举了波司图米乌斯在瑞吉鲁斯湖，瓦提尼乌斯在萨拉里亚(Salaria)路上的体验，给我们讲了有关洛克里人在萨格拉战役中的某个传说。然后你又援引了卡斯托耳和波吕丢刻斯，他们是凡人，有凡人的父母，荷马(生活年代离他们不远)说他们死后埋在斯巴达。你说他们只身骑着白色老马，没带随从，向瓦提尼乌斯显灵。他们不是向元老院首席议员伽托，却向瓦提尼乌斯这个粗鲁的家伙宣告罗马的胜利！那个印在岩石上的马蹄形的记号至今仍然可以在瑞吉鲁斯湖边看到，难道你真的相信这是卡斯托耳的马留下的蹄印吗？相信诸如卡斯托耳和波吕丢刻斯这样的英雄人物的精神是永恒的，而不是相信他们那已经在火葬堆里烧掉了的肉体还能参加骑兵战斗，这样不是更好吗？如果你坚持认为这种事情是可能的，那么你应该告诉我们

---

① 亦即太阳、月亮和星辰。

② 参见本书第二卷第 V 章。

如何可能，而不是用老生常谈来搪塞我们。”

“老生常谈?”巴尔布斯说，“难道波司图米乌斯没有在圣坛边建造一个奉祭卡斯托耳和波吕丢刻斯的圣庙？你难道不知道在一次元老院决议中瓦提尼乌斯被提名表彰吗？至于萨格拉，在希腊它是一个家喻户晓的词。每当他们想强调某件事情，他们就说它‘像萨格拉一样确定’。这些证据对你来说难道毫无意义吗?”

“你在用一些道听途说来搪塞我，巴尔布斯，”科塔回答，“我想从你这儿得到的是理性的论证。”

VI

【这里佚失了科塔的一部分论证。】“接着是一个关于未来的问题，这是任何人都不能回避的。然而，事先知道将来要发生的事情常常没有什么好处。人们被自己的无能折磨，甚至丧失希望所能带给我们的最后一丝安慰，这是多么悲惨的事情。尤其是你教导我们说，一切都永久地由一个命运支配，由它决定。因此，如果未来是不可改变的，那么知道它还有什么用呢，它能给人们提供多大的自由选择的范围呢?

“你的占卜艺术来自哪里？谁在动物肝脏的裂缝中发现了意义，或者阐释了渡鸦的哭声的含义，或者签掉下来的方式？并非我不相信这些东西。我并不鄙视像纳维乌斯这样的占卜家，你也提到过他。[①] 但是如何理解这些预兆则是我必须向哲学家请教的问

① 参见本书第二卷第Ⅴ章。

题，因为占卜家的预言常常被事实证明是错误的。而你认为医生们也会经常出错。[①] 然而，在我看来，医学是运用理性推理的，这是我所能理解的，而占卜术的起源对我来说则是一个秘密，它们之间没有任何相同之处。你还认为用牺牲的生命来祭祀就可以平息诸神的怒气。[②] 那么，诸神为什么如此不公呢？为什么非要牺牲一些那么勇敢的罗马人才愿意与他们修好呢？实际上，这只是一种用于军事的伎俩，如希腊人所说是一种'策略'，是那些只考虑他们的国家而不考虑自己的生命的领袖们设计出来的伎俩。他们以为他们的人民会服从一个策马向前、只顾自己冲锋陷阵的指挥官。至于说农牧神的声音[③]，我从来没有听到过。如果你说你听到过，那我就按你的意思来理解它，尽管我不知道一个半人半羊的农牧神是一个怎样的存在者。

VII

"因此，迄今为止，我还没有从你那儿听到什么能使我相信诸神存在的理由。我自己当然相信它们的存在，但斯多亚主义没有给我的信仰增加任何理由。

"如你所说，克莱安塞斯认为我们心中关于诸神的观念是以四种方式形成的：第一，我已经说过了，源于预测未来事件的知识；第二，源于对风暴以及其他自然灾难的恐怖；第三，源于我们所享有

---

① 参见本书第二卷第 XII 章。

② 参见本书第二卷第 X 章。

③ 参见本书第二卷第 V 章。

的各种用品的用处和充足；第四，源于星辰的秩序和苍穹的和谐。我已经讨论过关于预测的知识。至于陆上或海上的自然灾难，不能否认，当它们发生时，总会使许多人陷入恐怖之中，这些人就把这种灾难归于诸神的力量。但诸神存在与否的问题不同于是否有许多人相信诸神存在的问题。

“至于克莱安塞斯引出的其他两个论点，一个涉及我们享有的恩惠的数量，另一个是关于季节的秩序和苍穹的和谐，这些我将在讨论神意时着手研究。你对此谈了很多，巴尔布斯。至于那个你归之于克律西波斯的观点，自然呈现出人类无法理解的现象，所以在宇宙中必然存在着一种比人更加伟大的力量，我也将推迟一会儿再讨论。你把房子的人工美与世界的自然美相比较，来谈论自然整体的和谐与共同目的，并引用了芝诺在这个问题上的一些简短而晦涩的论述。我在谈到神意时也会对这些论述加以评论，同时我将回答所有你所谈论的物理学和生命之火，以及你说产生万物的热的原则。同时我还将讨论你的观点，[①]大意是说整个宇宙，日月星辰都是有感觉、有意识的存在者。但是现在，我还是要继续问你那个问题，‘你是通过什么样的理性论证使自己完全相信诸神是存在的？’”

“好吧，好吧，”巴尔布斯说道，“我记得我已经向你说明了理

① 原文在这里还有“前天”两字，再次表明作者原来计划将整部作品分为三部分，分别记载三天的讨论。参阅第二卷第 XXIX 章的注释。

由。但你有你自己处理它们的方式。你似乎总是要提出问题,而当我准备回答的时候,你却又突然改变了话题,使我根本来不及回答。因此最重要的主题,比如预言和预先决定,都在沉默中略过了。为什么会这样?我想很可能是因为,对这些问题我们这个学派的人有很多话要说,而你们这个学派的人则无话可说。当然,这些问题与我们目前要讨论的问题是不同的。因此劳驾您不要把它们混淆起来,让我们先来解决当下的争论。"

"完全应该,"科塔说,"因为是你把整个论题分成四个问题,而我们已经讨论了第一个问题,因此现在让我们来思考第二个问题。在这个问题上,你的论证似乎是在努力确定诸神的本性,结果却只是成功地证明了它们根本不存在。你指出若不通过可见的影像我们就很难思考。然后你说正如不存在任何比万物更优秀的事物一样,也不可能存在比神更优秀的事物,所以宇宙本身必定就是神。要是我们能把它看作一个有意识的存在物,并以理智之眼看见它的真实面目,就像我们用肉眼看到其他事物一样,那该有多好!但是,当你说没有任何事物比宇宙整体更完美时,你说的'完美'是什么意思?如果你的意思是'美',那么我表示赞同。如果你的意思是'满足我们的需要',我也同意。但如果你是指没有比宇宙更聪明的事物了,那么我根本不这么看。不是因为我觉得没有可见影像就很难思考,而是因为我越这样做,就越无法理解你的意思。

IX

"你说自然界中没有任何事物比宇宙自身更高贵。好,我说在地球上没有任何事物比罗马城更优秀，那么我难道也必须认为罗马城就像一个理智存在物那样进行思考推理？既然并非如此，那么你认为，比如说，一只蚂蚁也会喜欢我们这个城市吗？城市不是一个有意识的存在物，而蚂蚁不仅有意识，而且有推理、思想和记忆能力。因此，巴尔布斯，我们得看看我们能在多大程度上同意你的说法。你不能只是随心所欲地假设。事实上，你如此热衷的芝诺用他简洁有力的三段论解开了整个论题。芝诺这样论证：'任何能够推理的存在物比任何不能推理的存在物优秀。由于没有任何事物比宇宙整体更优秀。因此，宇宙是一个理性的存在物。'如果你接受这个论证，那么你就会拥有一个擅长阅读书籍的宇宙。因为，如果你追随芝诺的脚迹，你就会这样发展他的论证：'一个能够阅读的存在物比一个不能阅读的存在物优秀。由于没有任何事物比宇宙整体更优秀，所以宇宙整体是能够阅读的。'因此，你得继续推论，宇宙是一位学者、一位数学家、一位音乐家，所有艺术和科学的专家。因此，你最终将使宇宙本身成为一名哲学家！

"你曾屡屡说过，自然宇宙之外无物被创造，不存在能创造非自然之物的力量。那么现在，你是否要我们相信自然宇宙不仅是一个有意识的理性的存在物，而且是一个长笛和竖琴的演奏家，因为它已经从自身中创造出了掌握这些技艺的人类？

"因此我们看到，斯多亚学派的创始人根本没有向我们说明，为什么要把宇宙看作一个理性的存在者或者一个有意识的存在者。因此宇宙不是神，但它确实是最高的。没有其他事物比它更美、更仁慈，看上去更神奇，它的运动也是最持久的。既然宇宙不是神，那么星辰，被你纳入诸神之列的无限的星辰，你所敬仰的、在苍穹中持久而永恒地运行着的星辰，也不是神。你对它们的神奇表示惊讶是对的。我们也都肯定会对它们有规则的运行感到惊讶，表示敬仰。但这并不等于说，巴尔布斯，从星辰确定而又恒久的运动中可以推论出它们不是自然现象而是诸神。

X

“比如说，还有什么比卡尔西斯（Chalcis）海峡的水流变化，西西里海峡的水流变化或‘以强大的海水把欧洲与非洲劈开’的洋流变化更有规律吗？还有西班牙和大不列颠诸海的潮汐。难道我们必须求助于神才能解释它们的潮涨潮落？难道我们在每一种有规则的运动中，在每一个有序地发生的事物中都得找到神？如果是这样，那么我们得说每隔三日或四日复发的疟疾也是神圣的，因为它们的复发过程是绝对一致的。不，我们必须为这些现象寻找一个理智的原因。而你一找不到就逃向神，好像一个祈求恩惠者逃向圣坛一样。

“你对克律西波斯的洞见印象非常深刻，我承认他有精明而顽固的理智。说他非常精明是说他总是能够迅速地从一个观点转向另一观点；而他那由于艰苦思考而变得顽固的理智，就像由于艰苦劳动而起了老茧的手。[①] ‘如果有某事发生，’他说，‘它若不是由人引起的，那么必然是由某种高于人的力量引起的。人不可能引

① 西塞罗认为，精明（Callidus）一词派生于 callum（坚硬的皮肤），引申出“熟练”、“有经验”、“擅长”等含义。

起我们在自然中看到的各种现象，因此它们必然是由一种高于人的力量引起的。但高于人的东西除了神还能是什么？因此这些现象都是神的作品。'整个论证暴露出与我们在芝诺那儿看到的同样的错误。他并没有赋予'高'这个词以确定的含义，也没有在自然和理性之间作出明确区分。'如果不存在诸神，'他说，'那么整个自然界就没有比人更高贵的事物了，'他还说，'对任何人来说，设想不存在比人更高贵的事物，这是极其狂妄的行为'。把自己提升到比整个世界更高的位置的人当然是狂妄的。但是承认人是有意识、有理智的，而猎户座、巨犬座则没有，这不是什么狂妄，而只是常识。'如果我们看到一所漂亮的房子，'他说，'我们知道它是为人类而不是为老鼠建造的，因此我们必然承认宇宙就是诸神的家。'如果宇宙只是一所房子而不是自然的作品，如我将要论证的那样，那么我也会这样认为。①

XI

"你提醒我们，色诺芬讲过苏格拉底曾经追问，如果宇宙本身没有灵魂，那么我们从哪里获得我们的灵魂。但是人们也可以追问：我们的语言从哪里来，我们的计算，我们的音乐从哪里来？难道你认为，太阳和月亮靠近的时候会进行交谈，或者如毕达戈拉斯所认为的那样，整个世界在和谐地歌唱吗？不，巴尔布斯，所有这些都有自然的原因。但这种自然的原因并不存在于一个'像工匠

① 西塞罗原文中没有出现这里所提到的要作的论证。

一样运动'的自然中(芝诺这样描述,后面我将对之思考),而是存在于一个以自己的变化推动万物并使之保持运动的自然中。由于这个原因,我很高兴听到你谈论自然的和谐与万物的相互联系,你将之描述为在持续不断的和谐中的共同作用。但我不同意你说除非整个自然充满着一种神圣精神,否则这种作用就不可能发生的观点。自然靠自身的力量保持连续和一致,它不需要任何神的帮助。事实上,自然中存在着一种连续的和谐,或者如希腊人所说,存在着一种'同情'(sympathy)。它自己的力量越大,人们就越不应该把它看作是某种神圣力量的作品。

XII

"你又如何处置卡尔涅亚得的论证呢?如果没有任何躯体是不朽的,那么就不存在永恒的躯体这样的东西。事实上,不存在不朽的躯体,任何单一的原子也都是可分的。因此每一个生物就其本性来说都是易受影响的。没有任何事物能够避免外力的影响。所有生物都必然要受到严峻的考验,所有生物都必定有感觉,要受苦。既然每个生物都必然要受苦,那么就不会有什么不朽的东西。既然每个生物都可以被分解,那么无物不可分,无物永恒。每个生物都必然遭受外力的影响,因此它们都是可灭的、可毁的、可分的。如果蜡是可变的,那么由蜡制成的事物都是可变的。如果银和铜在本性上都是可变的,那么由银和铜制成的事物都是可变的。同样,如果构成万物的元素是易变的,那么没有物体是不变的。如果存在什么不朽的物体,它就得是不变的。但是根据你的观点,万物都是变化的，因此每个物体都是变化的。这样，我们看到无物不朽。因为不朽的物体不会变化。

“一切物体都由水、气、火、土组成，或者是它们的混合，或者是其中某几种元素的混合。这些元素本身不可毁灭。

“一切由土元素构成的东西都是可分的；液体是如此柔软，几乎没有什么力量可以承受压力和撞击。火和气很容易屈服于外力，它们的本质是屈服、分散。而且，这些元素一转化为另一种形式，原来的元素就消失了，比如土转化为水，水转化为气，气转化为以太，这个过程逆转时也同样。因此，如果构成所有生物的元素是可灭的，那么就没有任何生物是不朽的。

XIII

“撇开这些不谈，我们要想找出一种既没有出生也不会死亡的生物也仍然是不可能的。每一种生物都有某种感觉经验。它感受冷热，品尝甘苦。而每一种能够感受快乐的感觉也能感受痛苦。快乐的感觉和痛苦的感觉是相伴相随的。任何经验着痛苦的被造物都在经历着自己的毁灭。因此，你一定得承认，每一种生物都是可灭的。一个既不能感受快乐也不会感受痛苦的存在物根本不可能是活的。每一个生物都必然既感受快乐，也感受痛苦，因此它不可能是不朽的或永恒的。也没有任何生物没有自己的渴望和反感。它渴望适合它本性的东西，拒绝不适合的东西。因此，每一生物总是在追求某些事物而躲避另一些事物。它避免与它本性相反的事物，因为这样的事物具有破坏它的力量。因此每一生物都必然要在某个时间内消失。

“还有许多其他有说服力的证据可以证明，每一种有意识的存在物都必然要灭亡。我们的感觉本身，冷、热、苦、乐，一旦过度，就会毁灭我们。但不存在没有任何感觉形式的生物。因此活着的事物是不可能永远活着的。

XIV

“生物的本性可以是单一的，由单一的元素组成，如土、火、气、水，这对我们来说是极其不可思议的一种存在物的类型；或者是由几种元素构成的混合物，每一种元素都有自己依据自然法则而倾向的位置，比如一种元素在下，一种在上，一种在中间。这样的元素可能在一段时间内相互协调，但不可能永远如此。每一种元素最终都将找到自己所属的层面。所以，没有生物是永恒的。

“你们学派的哲学家，巴尔布斯，喜欢把万物都归结为火的生命原则。在这一点上，我想，他们都继承了赫拉克利特，[①]尽管每个人的理解不尽相同。但是让我们撇开他，因为他说得相当晦涩，[②]而只说说你们学派所持的观点，火是万物背后的终极力量。你举了生物因丧失热而毁灭的例子，指出在整个自然中，正是热构

① 在留存下来的赫拉克利特残篇中有这样的陈述：“万物与火交换，火与万物交换；就如货物与金子交换，金子与货物交换一样。”还有，“宇宙不是某个人或神的造物，而是永恒的生命之火，以前是，现在是，将来也永远是……。”

② 赫拉克利特被称为“晦涩哲学家”（The Dark Philosopher），也许就是因为他的学说具有刻意模糊、隐晦的特点。

成了生命和精神。但我对此不太理解。为什么物体的死亡应该归于热的消失而不是气或湿的消失呢？尤其是，事实上太多的热就会把生物毁灭。因此在这一点上，热与气和水似乎是同等的。

“让我们来看从中能推出什么结论。我想，你会认为，火是整个自然界唯一有生命的东西。但作为生命之气息的为什么是火，而不是气呢？[①] 所以，你为什么认为生命的原则是单一的火，似乎火就是生命的共同基础？事实上，火和气的混合更可能是基础。但如果火自身独立地产生了生物，没有混入其他任何元素，那么火，正如它存在于我们的躯体中那样，必然是我们的感觉的源泉，因而它本身是无感觉的。这样我们又回到了起点上。具有感觉能力的任何事物都必然感受快乐和痛苦。知道痛苦的任何事物最终必然知道死亡。因此，你甚至不能证明这生命之火本身是永恒的。难道你们学派愿意承认每一团火都需要营养吗？它除非得到滋养，否则就不能存续吗？日月星辰是由湿气、新鲜水，或者盐来滋养的吗？克莱安塞斯以此来说明太阳回归的原因，而不是在夏季和冬季的运行中走得更远，不会走得过于远离它得以滋养的东西。关于这一点我还有许多话要讲，但现在我只想证明，任何会死的事物的本性都不是永恒的，而火如果得不到滋养就要熄灭，因此火的本性不是永恒的。

① 原文的论证还涉及三个同词根的拉丁语词：anima（气或生命原则）、animus（灵魂或精神原则）、animal（生物）。

XV

“我们可以想象有哪一种神不具备道德品质吗？还有，我们能将智慧归于神吗？智慧是关于善恶的知识和关于本身既非善、也非恶的事物的知识。对不会触及任何邪恶的存在者来说，它没有必要在善和恶之间作选择。那么理性和理智怎么样？我们利用这些才能是为了从已知领域走向未知领域。但对神来说，没有什么是未知的。还有公正，让每一事物履行自己的义务，它对诸神来说又有什么用呢？公正，在你们的哲学中，是人类社会共同体的产物。还有节制，禁止人们沉溺于肉体享乐。如果在天上有节制，那么也必然有躯体的快乐。勇气呢？难道神在痛苦、艰难、危险时要有勇气吗？神对这些事物一无所知。我们如何能设想一个既不是理性的、又不具备美德的神呢？

“当我想到斯多亚学派哲学家的这些无稽之谈，我说过，我不会再去鄙视未受教育的民众们的无知。我们都知道民间信仰。叙利亚人崇拜一种鱼神。[①] 埃及人几乎把整个动物界都神化了。在希腊，连许多人都被神圣化。阿拉帮达（Alabanda）人崇拜阿拉帮都斯（Alabandus），得内杜岛人（Tenedos）崇拜特涅斯（Tenes）。所有希腊人崇拜琉科忒亚（Leucothea），即伊诺（Ino），以及她的儿子帕莱蒙（Palaemon），更不用说赫丘利、埃斯科拉庇俄斯、卡斯托耳和波吕丢刻斯了。我们罗马人也崇拜洛摩罗斯和许多其他重要

① 大衮（Dagon），一种长着女人头的鱼，在阿斯卡隆（Ascalon）受到崇拜。

人物，我们似乎只把他们看作刚刚被接纳到天国里去的公民！

XVI

“这些都是由于无知而产生的迷信，但是你们哲学家并不见得更好一些。我暂且搁置你们那些更加臭名昭著的观点，把精力集中于你们的那个论断，宇宙本身就是神。我想这可能就是指，

那明亮的苍穹，
人们称之为朱比特。

“但是，为什么还要添加其他大量的神呢？它们会多么拥挤！至少在我看来，神祇太多了！你把所有星辰都当作神，或是给它们起个动物的名字，比如大羊座、天蝎座、公牛座、狮子座，或是给它们起个无生命物的名字，如南船座、圣坛座、日冕座。即使我们能够接受这些说法，仍旧会有其他我们不仅不能接受、而且根本无法理解的说法。我们把谷物称为‘刻瑞斯’，把葡萄称为‘巴库斯’(Bacchus)，在这些场合我们是在使用熟悉的语言形象。难道你真的认为，有人会疯狂地相信他吃的食物是一个神？至于那些被认为变成神的人，你能给我一个合理的解释，说明为什么这种现象只发生在过去而不会发生在现在吗？如果能，我会非常高兴地聆听。由于缺乏这样一种解释，我不明白，‘身体被埃塔山(Mount Oeta)上的大火烧毁’的赫丘利*怎么能够经由他的火葬堆，如阿克齐乌

* 罗马神话中的赫丘利即希腊神话中的赫拉克勒斯(Heracles)。——译者

斯所说,‘走向他父亲的永恒家园’? 而荷马告诉我们,乌利西斯在另一个世界遇到过赫拉克勒斯以及其他死者。①

“事实上,我很愿意知道我们应该崇拜哪个赫丘利。那些晦涩难懂的古书的研究者告诉我们,名叫赫丘利的人有许多,最古老的是那个原初的朱比特的儿子。我用‘原初的’这个词,因为我们发现在古希腊人的作品中有几个不同的朱比特。我们所谈论的这个赫丘利据说曾与阿波罗为一个三脚鼎发生过争论,他就是这个朱比特与吕西索(Lysithoe)之子。还有一位埃及的赫丘利,据说他是尼禄(Nile)之子,写过所谓的‘弗里吉亚书卷’(Phrygian Book)。第三位赫丘利来自伊达山的狄吉提(Digiti of Mount Ida),曾在墓前献祭。第四位赫丘利是朱比特与拉托那(Latona)之妹阿司特里娅(Asteria)的儿子,主要受推罗人(Tyrians)的崇拜,推罗人相信卡尔萨哥(Carthago)就是这位赫丘利的女儿。第五位是印度的赫丘利,被称作柏卢斯(Belus)。第六位是我们熟悉的,是朱比特和阿尔克墨娜(Alcmena)之子,但这里的朱比特指第三位朱比特,因为我们的传说中也有几位不同的朱比特。

① 见《奥德赛》(*Odyssey*)第 XI 卷第 600 行以下。“在他(西绪福斯[Sisyphus])之后,我又认出力大无穷的赫拉克勒斯,(一团魂影,他本人正在不死的神明们的中间尽情饮宴,身边有美足的赫柏陪伴,她是伟大的宙斯和脚登金鞋的赫拉的爱女)。”然而括号里的话遭到亚历山大里亚学派的批评家阿里司塔库斯(Aristarchus)的反驳,他认为这是伪造的,与《伊里亚特》(*Iliad*)有出入。在《伊里亚特》中,赫拉克勒斯被赫拉杀死,而赫柏则被说成是一位处女。(该书由 E. V. Riess 翻译,Penguin Classics。)

XVII

“既然我们的讨论使我们进行到这一步，我可以明确地对你说，我从对诸神的崇拜中学到的东西多于从斯多亚学派的论证中学到的东西，对诸神的崇拜与祭司的律法和我们祖先的传统相一致，努玛传给我们的是一些破旧的、微不足道的祭祀用的器皿，对此，莱利乌斯曾用他那可爱的金嗓子做过描述。[①] 让我来举例说明。如果我成为你的学生，有人问我‘假定诸神存在，那么宁妇(Nymphs)就是女神吗？如果是，那么潘(Pans)和萨提尔(Satyrs)也是神吗？’这时我该如何回答？可以肯定，后两个显然都不是神，那么宁妇也不是神。然而它们都有公共的庙宇供奉它们。因此很可能还有其他许多有庙宇祭祀的东西也不是神。你认为朱比特和尼普顿是神，那么他们的兄弟俄尔库斯(Orcus)也必然是神，以及据说是流过阴曹地府的河流，阿刻戎河(Acheron)、科塞图斯河(Cocytus)、皮里佛勒格索恩河(Pyriphlegethon)也都是神，更不必说卡隆(Charon)和刻耳柏洛斯(Cerberus)这样的人了。这难道不荒谬吗？于是，只能说俄尔库斯不是神。那么他的兄弟们又如何呢？

“卡尔涅亚得斯使用了这样一系列的论证，他不否定诸神的存在(否则就很难成为一个哲学家)，而是指出斯多亚学派没有真正解释它们。由此，他把讨论推向深入。‘如果这些兄弟们都是神，’

① 参见本卷第 II 章注解。

他说,‘那么他们的父亲萨杜恩呢?难道他就不是神了吗?事实上,他在西部那些国家被广泛地崇拜。但如果他是神,那么他的父亲凯卢斯(Caelus,天空)也必然是神。如果这样,那么这天神的父母,以太和白天,也必然被认为是神。还有他们的兄弟姐妹们,被列入古老神谱的爱、诡计、恐惧、苦役、嫉妒、命运、老年、死亡、黑暗、痛苦、悲伤、仁慈、欺骗、蒙恩、命运三女神、赫斯帕鲁的女儿们、梦神们,所有这些都被认为是黑暗和夜晚生育的存在物,都得被承认为神。因此,你要么接受这些怪物为神,要么否定朱比特和尼普顿的神性,二者必居其一。

XVIII

“难道你会把阿波罗、伏尔甘、墨丘利及其他当作神,而对赫丘利、埃斯科拉庇俄斯、利伯尔、卡斯托耳和波吕丢刻斯的神性表示怀疑吗?后者受到的崇拜并不逊色于前者,在某些地方甚至更受崇拜。那么,我们应该承认这些由凡人的母亲生育的人是神吗?阿波罗的一个儿子,第一个发现葡萄的阿里斯塔俄斯(Aristaeus)呢?尼普顿的一个儿子,忒修斯(Theseus)呢?以及以神为父的其他人呢?那些以神为母的又怎样?他们肯定更有权利声称自己具有神的身份。在公民法中,自由的母亲生下的儿子也是自由的,在自然法中也一样,神的孩子也必然是神。因此阿斯泰巴香亚岛(Astypalaea)的居民们祭祀崇拜忒提斯(Thetis)之子阿喀琉斯。但如果阿喀琉斯是神,那么俄耳甫斯和瑞索斯(Rhesus)必然也是神,因为他们的母亲是一位缪斯(Muse)女神,当然,除非凡人与海神的结合优先于与地神的结合！但如果俄耳甫斯和瑞索斯不是神，因为没有人崇拜他们，那么其他人又如何可能成为神呢？人们赞美的是这些英雄所具有的人的美德，而不是赞美他们的不朽，这样说不是更正确吗？事实上，这似乎就是你本人的观点。但是，如果你承认，比如说，拉托那是神，那么难道你不也就同样得承认赫卡忒(Hecate)是神吗？因为她的母亲是阿司特里娅，拉托那则是她的姐妹。她不也是女神吗？我们在希腊看到过为她竖立的圣坛和神庙。如果她是女神，那么欧墨尼德斯(Eumenides)呢？她们也必然是女神，我相信，在雅典和罗马，在以她们的名字命名的墓穴里都有她们的神龛，[①]她们无疑监视着人的行为，惩罚犯罪。但如果我们有这类参与人间事务的神，那么我们也应该承认生育女神，我们常常列队经过供奉在阿德亚(Ardea)[②]的圣龛里的神像，敬拜生育女神，她的名字源于 nasci(出生)，因为她保护产妇。如果她是女神，所有那些你列举出来的东西也都是神：荣耀、信念、理性、和谐，甚至希望、富裕以及任何一个能够想象出来的观念。如果这样一种信仰是可笑的，那么派生出这种信仰来的假设也是可笑的。

XIX

"所以，你该如何解释呢？如果真正的神就是那些我们传统中

① 对话人在这里把富里娜(Furina)之墓解释为敬奉富里斯(Furies)的墓，富里斯是罗马神话人物，相当于希腊神话中的欧墨尼德斯。

② 这个古代拉丁城是崇拜维纳斯的中心。

崇拜的神，那么为什么不包括伊西斯（Isis）和俄西里斯（Osiris）在内呢？如果我们这样做了，为什么要排斥其他种族的神呢？这样，我们就会有牛、马、朱鹭、隼、驴、鳄鱼、鱼、狗、狐狸、猫以及所有野兽的神。如果我们否定它们是神，那么也必然要否定它们的起源是神。这样，我们又该如何解释呢？如果伊诺（希腊人称为琉科忒亚，罗马人称为马图塔[Matuta]）被尊为女神，因为她是卡德摩斯（Cadmus）的女儿，那么珀耳塞斯（Perseis，海洋神和太阳神的女儿）的孩子们，喀耳刻（Circe）、帕西淮（Pasiphae）、埃厄忒斯（Aeetes）不也是神吗？喀耳刻肯定受到我们的殖民地基凯（Circei）居民的崇拜。如果喀耳刻是女神，那么美狄亚（Medea）呢？她的祖父母是太阳和海洋，她的父母是埃厄忒斯和伊底伊亚（Idyia）。她的兄弟阿伯绪耳图斯（Absyrtus）是不是神呢？帕库维乌斯称他为埃吉阿琉斯（Aegialeus），尽管在古代作品中前一个名字更常用。如果这些都不是神，我不知道伊诺会做什么，因为她具有同样的起源。那么安菲阿拉俄斯是神吗？还有特洛福尼乌斯（Trophonius）呢？我们的税务检查官否认玻俄提亚（Boeotia）的某些圣地可以免除法律规定的税款，因为曾经是人的人不可能成为神。但如果这样的人可以成为神，那么厄瑞克透斯（Erectheus）必定是其中的一个，我们可以在雅典看到他的祭司和神庙。如果我们承认他是神，我们有什么理由怀疑科德鲁斯（Codrus）和其他为他们的国家的自由而战死的英雄们的神性呢？如果你觉得这一切都是毫无道理的，那么你得承认引申出这些例子的、前面那些人物的神性也是不恰当的。

“我们更有理由认为，在许多国家，为了纪念勇敢的人，人们给

他们冠以神的荣耀,以提高人的德行,使人们在为国家服役中能够更加勇敢地面对危险。这是雅典人把厄瑞克透斯和他的女儿列为神的真正原因。同样,在雅典有个勒奥那托(Leonatic)的神龛,名叫勒奥科里翁(Leocorion)。[①] 阿拉帮达人更多地崇拜他们的城市的创建者阿拉帮都斯,而不是崇拜伟大的诸神。这为斯特拉托尼库斯(Stratonicus)的许多妙语之一提供了解释。当他不喜欢的某人坚持说,阿拉帮都斯是神而赫丘利不是的时候,他说,'很好,我将冒着阿拉帮都斯发怒的危险,而你则将冒着赫丘利发怒的危险。'

XX

"至于你那些引自太阳和星辰的论证,巴尔布斯,难道你不知道这样的推论在多大范围内延伸才是有效的吗?你说太阳是神,月亮是女神,前者就是希腊人的阿波罗,后者就是狄安娜。但如果月亮是女神,那么启明星和其他行星也是神,恒星也是神。为什么彩虹不能被认为是神圣的呢?它非常美丽,并且因为它神奇的形象而被称为'奇迹之子'。然而,如果它的本性是神圣的,那么你又怎么看待云彩呢?归根结底,彩虹是以某种方式变成了彩色的云构成的,传说中还说其中的一朵云彩生下了人头马山陶。如果你把云列为神,那么你也得把季节列为神,我们罗马的一些仪式就是用来祭奠它们的。然后还有雨、暴风、飑、龙卷风都得看作神。当

① 这个神龛的拉丁名字无从查考,原文可能有误。

我们敬拜大海时，传统上都是向海浪祭献。同样，如果如你所说，刻瑞斯的名字源于她孕育了果实，那么，如人们都相信的那样，大地本身就是一个女神，就像女神忒路斯（Tellus）。如果大地是神，那么海洋也是，你把它称为尼普顿，还有泉水和江河。马索（Maso）在从科西卡岛（Corsica）凯旋途中建立神坛祭奉泉神，在预言家的祷文中可以看到台伯河（Tiber）、斯宾诺河（Spino）、阿尔摩河（Almo）、诺底努斯河（Nodinus）以及其他一些邻近的河流的名字。所以，我们要么让这种造神运动一直延续下去，要么就彻底拒斥它，并与这些无穷无尽的迷信切断联系。

XXI

“我们不能轻易接受任何这样的观点。我们也反对有人说，受到我们大家深深敬仰和崇拜的被神圣化的人不是事实上存在，而是在我们心中存在……[①]

“首先，我们所谓的神学家承认有三位互不相干的朱比特。第一位和第二位出生在阿卡狄亚（Arcadia）。一位是以太之子，也被认为是普洛塞尔庇涅（Proserpine）和利伯尔之父。另一位是凯卢斯之子，也被认为是保护女神和女战神密涅瓦之父。第三位朱比特诞生在克里特岛，萨杜恩之子，上岛的游客可以看到他的墓穴。

“朱比特的儿子在希腊人中也是说法繁多。第一组有三位，称为雅典诸王，分别是特里托帕特瑞乌斯（Tritopatreus）、欧布勒乌

① 此处原文中断，缺失原因不详。

斯(Eubuleus)和狄俄尼索斯(Dionysus),他们生下最早的朱比特王普洛塞尔庇涅。第二组有两位,即卡斯托耳和波吕丢刻斯,由上述第三位朱比特和勒达(Leda)所生。第三组也有许多位,它们的名字是阿尔科(Alco)、梅拉普斯(Melampus)和特摩鲁斯(Tmolus),但又被说成是珀罗普斯(Pelops)之子阿特柔斯(Atreus)的儿子。

"第一组缪斯有四位:塞尔克西诺(Thelxinoe)、阿欧德(Aoede)、阿尔凯(Arche)、美勒特(Melete),是第二位朱比特的女儿。第二组缪斯有九位,是第三位朱比特和内莫绪涅(Mnemosyne)所生。更不必提庇厄卢斯(Pierus)和安提俄珀(Antiope)所生的第三组缪斯了,诗人庇厄里得斯(Pierides)或庇厄里埃(Pieriae)是这样说的。她们的名字和数量与我刚刚提到的那一组相同。

"你说太阳神的名字源于他独特而单一的本性。但神学家提到过多少位太阳神?一位就是朱比特的儿子,以太的孙子。另一位是许珀里翁(Hyperion)的儿子。再一位是伏尔甘和尼卢斯(Nilus)之子,埃及人把太阳城(Heliopolis)当作这位太阳神的居所。第四位据说是英雄时代的阿堪塞(Acanthe)所生,他生活在罗得岛(Rhodes)上,是伊阿律苏斯(Ialysus)、卡米鲁斯(Camirus)、林都斯(Lindus)和洛得斯(Rhodus)之父。第五位太阳神据说在科尔基(Colchi)生育了埃厄忒斯和喀耳刻。

XXII

"同样,伏尔甘也有好几位。第一位是天神之子,据说是密涅瓦所生，是阿波罗之父，古代历史学家把阿波罗称为雅典的保护神。第二位是尼卢斯之子，埃及人称之为佛萨（Phthah），并尊为埃及的守护神。第三位是第三个朱比特和朱诺所生，传说他是兰诺斯岛的冶炼大师。第四位是美玛里乌斯（Memalius）之子，西西里（Sicily）火山岛[①]之主。

“然后是墨丘利，有一位墨丘利是天神之子，其母是日女神（the goddess of Day）。这位墨丘利被说成是沉迷于普洛塞耳皮那的美色。另一位墨丘利是瓦伦斯（Valens）和福洛尼斯（Phoronis）之子，住在地下，也被称为特洛福尼乌斯。第三位墨丘利是第三个朱比特和迈亚（Maia）的儿子，据说是珀涅罗珀（Penelope）所生的潘的父亲。第四位墨丘利是尼禄之子，埃及人可能并没有传下他的名字。第五位墨丘利在弗纽斯（Pheneus）受到崇拜。据说这位墨丘利杀了阿耳戈斯（Argus），因此逃亡到埃及，给埃及人带来了法律和书写技术。埃及人称他为索斯（Thoth），并且他们把这个名字放在日历上，作为每年第一个月的名称。

“然后是埃斯科拉庇俄斯，阿波罗的儿子，在阿卡狄亚受到敬拜。这个埃斯科拉庇俄斯发明了外科手术用的探针，据说还是第一个用绷带包扎伤口的人。另一位埃斯科拉庇俄斯是第二位墨丘利的兄弟，据说被雷电击倒，埋在西纳舒勒（Cynosurae）。第三位埃斯科拉庇俄斯是阿尔西浦斯（Arsippus）和阿尔西诺（Arsinoe）的儿子，据说他第一个使用催泻药，第一个拔牙。在离吕西乌斯河（Lusius）不远处的阿卡狄亚可以看到他的墓穴和祭奉他的墓地。

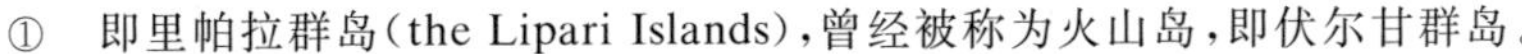

① 即里帕拉群岛（the Lipari Islands），曾经被称为火山岛，即伏尔甘群岛。

XXIII

“我刚才说过，最古老的阿波罗是伏尔甘的儿子，他是雅典的保护神。第二位阿波罗是科律巴斯(Corybas)的儿子之一，生于刻瑞特，据说为了统治这个岛，他与朱比特本人进行了一场战争。第三位阿波罗是第三位朱比特和拉托娜的儿子。据说这个阿波罗是从北方大陆来到德尔斐(Delphi)的。第四位是阿卡狄亚人的阿波罗，阿卡狄亚人称他为诺米俄斯(Nomios)，他为阿卡狄亚人带来了法律。

“还有好几位狄安娜。第一位是朱比特和普罗塞尔庇涅的女儿，据说她是带翼的丘比特的母亲。不过第二位狄安娜比较有名，据说是第三位朱比特和拉托娜之女。还有第三位狄安娜，据说是乌庇斯(Upis)和格劳克(Glauce)之女，希腊人常常以她父亲的名字乌庇斯来称呼她。

“还有许多神的名字都叫作狄俄尼索斯。首先有朱比特和普罗塞尔庇涅之子狄俄尼索斯。然后有尼卢斯(Nilus)之子狄俄尼索斯，在传说中是尼萨(Nysa)的毁灭者。第三位是卡比鲁斯(Cabirus)之子狄俄尼索斯，据说他统治过亚洲。为了纪念他而引进了萨巴吉亚(Sabazia)节。第四位是朱比特和月亮女神的儿子，奥菲斯祭仪(Orphic rites)据说就是纪念他的。第五位是尼苏斯(Nisus)和绪俄涅(Thyone)之子，据说他创立了每三年举行一次的节日。

“第一位维纳斯是天神和日女神的女儿，我在埃利斯(Elis)看到过她的神庙。第二位维纳斯降生在浪花泡沫中,据说她与墨丘利生下第二位丘比特。第三位维纳斯是朱比特和狄奥娜(Dione)之女。她是伏尔甘的妻子,但也为战神玛尔斯生了一个儿子,即安特罗斯(Anteros)。第四位来自叙利亚和塞浦路斯[①]。她被称为阿斯塔尔特(Astarte),据说曾是阿多尼斯(Adonis)的新娘。

"第一位密涅瓦就是我刚刚提到过的阿波罗的母亲。第二位密涅瓦是尼路斯之女,埃及人在萨伊斯(Sais)敬拜她。第三位密涅瓦是朱比特之女,我已经提到过她。第四位密涅瓦是朱比特与俄刻阿诺斯(Oceanus)之女科律佛(Coryphe)所生。阿卡狄亚人称她为科里亚(Koria),并说她发明了四匹马拉的车。第五位是帕拉斯(Pallas)之女,据说她杀死了企图强暴她的父亲。这位密涅瓦的形象是脚跟上有翼。

"第一位丘比特据说是墨丘利和第一位狄安娜之子。第二位丘比特是墨丘利与第二位维纳斯之子。第三位即安特罗斯,是玛尔斯与第三位维纳斯之子。

"诸如此类的例子从古希腊的传说中还可以找到许多,如果宗教本身还没有变得如此混乱不堪、名誉扫地,那么你会看到这样的故事必定是不可信的。但是你们学派的哲学家并不拒斥它们。他们甚至试图用他们系统的阐释法来进一步肯定这些寓言。不过,现在还是让我们回到主题上来。

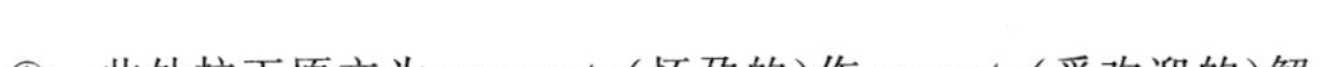

① 此处拉丁原文为 concepta(怀孕的)作 accepta(受欢迎的)解。

XXIV

“相信你不会认为你的这些观点还需要精致的论证才能加以驳斥吧？理性、信念、希望、勇气、荣誉、胜利、拯救、和谐及其他，这些东西显然都是事物而不是神。它们或者是我们自己的内在品质，比如理性、信念、勇气、和谐，或者是渴求的对象，比如荣誉、拯救、胜利。我知道它们的重要性，我也知道事实上有人祭祀它们的雕像。但为什么这些雕像拥有神的力量？只有当我明白了其中的原因，我才能理解。命运也很可能属于这一类，它总是与反复无常或冲动有关，而这些性质显然与女神不配。

“那么，为什么你们斯多亚学派如此热衷于解释这些寓言和名字的起源呢？凯卢斯被他的儿子伤害，萨杜恩被自己的儿子缚在锁链中。然而你们却为这一类故事辩护，还说发明这些故事的人不是疯子，而是天才。

“可惜你们关于诸神名字起源的研究都是徒劳的。[①] 你们说，萨杜恩这个名字含有‘岁月流逝’的意思，玛沃尔斯这个词源于‘推翻伟大者’，而密涅瓦的意思要么是‘填平……的人’，要么是‘发出威胁的人’，维纳斯的意思是‘抵达一切’，刻瑞斯的意思是‘孕育’。这些都是疯狂的猜测！对有些神名来说，你根本无法断定它是怎样派生出来的。你会怎样解释威俄维斯(Veiovis)？伏尔甘？尽管你认为尼普顿的名字源于‘游弋’，但并非任何名字都可以仅仅

① 参见第二卷第 XXIV 章。

通过字母拼写方面的相似就能为它提供词源上的解释。在这个问题上，你似乎比尼普顿本人更加茫然！

“芝诺、克莱安塞斯和克律西波斯所从事的这些工作虽然伟大但毫无必要，他们力图赋予想象出来的故事以理性的意义，为所有神名的来源提出理由。但在这样做的时候，你们实际上承认事实与流行观念是大相径庭的，因为，被称作神的存在者实际上就是自然力而根本不是神化了的人。

XXV

“如果用这些材料去研究神性，甚至会出现这样的错误：邪恶的力量也被归于诸神，从而使之成为宗教狂的崇拜对象。在帕拉丁山丘(Palatine Hill)上，我们看到有个祭奉‘发烧’的神龛，另一个靠近家神庙的神龛是祭‘丧亲’的。更不要说在埃斯奎利涅(Esquiline)还有祭‘不幸’的圣坛。清除这些谬误是哲学家的职责，因此，当我们谈论不朽的诸神时，我们只能谈论与它们相适应的内容。我对诸神有自己的信仰，但不是你那种信仰。你说尼普顿是一个有意识的理智，渗透在世界的海洋中，刻瑞斯是一个有意识的理智，渗透在整个大地上。但是，这样一个渗透大地和海洋的理智对我来说不但是不可理解的，而且我甚至无法猜想它会是怎样的一种理智。因此我得在其他地方寻找证据，证明诸神的存在和诸神的本性。我的诸神与你向我推荐的那些神是完全不同的。

“那么，现在我们还需要思考什么问题呢？首先，世界是否由神意统治？其次，诸神是否关心人类的命运？你的分析仍然包含这两个问题。我们必然理性地回答这样的问题，这一点你也是同意的。”

“当然，”威莱乌斯说，“我对你的论证抱着极大的希望，因此到目前为止我完全同意你的观点。”

“我并不想打断你，科塔，”巴尔布斯说，“因此让我们换个时间再继续这些论证吧。我不久就会打败你的，不过……”

【原文到这里有相当大一块缺损。接续部分的内容是科塔开始谈论人类对理性的误用】

他会尝试这种方式但一切都是徒劳
不管他如何竭尽全力；
我怎能为我自己的目的
用这样讨好的话去恳求他？[①]

XXVI

“难道在这里，美狄亚不是在以一种将会毁灭自己的方式使用她的理性？还有，谚语说，

谁坚持自己的愿望，事物就会屈从于
谁的意志。[②]

---

① 这些诗句引自恩尼乌斯的《美狄亚》(*Medea*)。

② 亦引自恩尼乌斯的《美狄亚》。

其中也有理性，但却是一切恶行的源泉。

他已丧失了理智，而今天他把
打开愤怒之门的钥匙给我
把他带向地狱。悲伤给我，
忧愁给他。把他毁灭，把我流放……①

“难道这就是理性的力量？难道这就是你断言的仁慈的诸神只赋予人类，而不赋予兽类的恩泽吗？它们给我们的礼物真是太好了！再看看逃离父亲和祖国的美狄亚，

她的父亲紧紧追赶她
试图抓住她时，她就抓起男婴，
撕裂了他的四肢，
把他身体的碎片扔向田野，
在父亲捡起儿子散布在地上的片片肢体时，
她便逃之夭夭，
任她父亲沉浸在无限的悲痛之中，
她为了自己的安全，
竟然牺牲了自己兄弟的生命。②

① 亦引自恩尼乌斯的《美狄亚》。
② 这些诗句的出处不明，可能出自阿克齐乌斯的《美狄亚》。

“还有什么事比这件事更可耻，或者说更理性的？当阿特柔斯为他的兄弟准备了那个可怕的宴会时，他难道没有为此做过深思熟虑的安排？

我必须施行一项伟大的恶的工作
挫伤击碎他那坚强的灵魂。①

XXVII

“我们也不应忽略提厄斯忒斯（Thyestes），他‘不愿意引诱兄弟的妻子’。正如阿特柔斯对他所作的恰如其分的评价，

伟大事件中似乎潜伏着巨大的危险，
高贵的妇女们都有可能变得道德败坏
由此而玷污了高贵的血液，
玷污了我们的家族，我们的人类。

而利用通奸来获得王位，这难道不是一个极其邪恶的念头？

（阿特柔斯说）诸神之父对我
已经显现保护我的王冠的预兆，
我的牲畜中有一头披着金色绒毛的羔羊，

① 这里以及下面两处引文都引自阿克齐乌斯的《阿特柔斯》（*Atreus*）。

这个提厄斯忒斯却把它从我的屋里偷走
并勾引我的妻子成为这件事的同谋。

一个十足的恶棍，但却又是完全理性的恶棍！

“并非只有在舞台上才充满这些罪恶。在日常生活中，我们甚至可以看到更大的罪恶。在家庭生活中，在法庭上，在议院里，在讲坛上，在国内外的服役中，人们都在利用理性行善和作恶。并且，只有少数人，很少的一些人是用理性行善的，而更多的人则在不断地用它来作恶。所以，如果不朽的诸神根本没有赋予我们理性这种灾难性的天赋，情况可能会更好些。酒对病人来说很少是有益的，更多的则是有害。所以，与其为了一种颇为可疑的痊愈希望而冒着严重的危险，还不如根本就不开这剂药更好些。同理，我不得不这样想，如果人类从来未曾获得这种敏锐、精明和机灵，这些我们称之为‘理性’的东西，结果也许会更好。既然它只对少数人有益，而对大多数人来说则是一种诅咒，那么它被如此广泛而又如此慷慨地赋予，真是太不幸了。如果它根本未曾被赋予人类，那该多好。如果神意在赋予人理性的同时也要求他们都是善的，那么它就会只把善赋予那些具有合理使用理性的能力的人，但这样的人，即使有，也非常少。而诸神不会只要求少数人为善。所以，由此得出的结论是，诸神没有要求任何人为善。

XXVIII

“你们学派的哲学家往往会这样回答：许多人恶意地误用诸神

的恩赐这一事实并不意味着诸神没有赋予我们优秀的品质；许多不肖子孙都会滥用他们获得的遗产，但不能由此推论他们不曾从父辈那儿获得益处。当然不会有人认为可以这么推论，但这两个事例是毫无关系的。当德伊阿尼拉(Deianira)把浸透了人头马怪兽的鲜血的外衣交给墨丘利时，她并没有伤害他的意思。当士兵打开因剑伤而引起的、连医生也无法治愈的伤口时，其本意也不是要帮助伊阿宋(Jason)。许多人在企图阻碍时却起了帮助作用，相反，在企图帮忙时却起了阻碍作用。因此恩惠的意图并不总是能够呈现在恩赐中。即使接受者正面利用了恩赐，也不能必然推论出恩赐的意图是善良的。若没有预先的有意识的考虑，诱惑、贪婪和犯罪是不会见诸现实的；若没有意识和理智的操作，它们也不可能被施行。每一种判断都是推理行为。正确的判断就是好的推理，错误的判断就是坏的推理。这种诸神赋予我们的理性力量，如果它们确实把理性赋予了我们，是一种中性的力量。它的善恶取决于我们自己善意或是恶意的使用。它并非是由诸神出于善意遗传给我们的，像遗产那样。事实上，如果它们企图毁灭人类，还有什么比这更恶毒的天赋可以赋予的呢？理性是我们所有恶行的基石，是不公正、放纵和懦弱的根源。

XXIX

"我们讨论了诸如阿特柔斯和美狄亚这样的英雄和传说中的人物在他们可怕的、故意的犯罪中如何进行理性筹划和算计。那么喜剧中的小丑呢？他们总是缺乏理性吗？一点也不。看看这则出自剧本《阉人》[1]（*The Eunuch*）中的一个人物的精彩言论：

现在该怎么办？
她曾经拒我于门外，现在却又来召我
那么我该去吗？不，
即使她跪下求我。

“在《年轻朋友》[2]中也有一个人物，他毫不犹豫地以一种学园派特有的方式使用理性来与公认的观点对抗，他说，‘爱情上的神魂颠倒，和债务上的债台高筑都是甜蜜的’，

有一个粗鲁的守财奴作为父亲也是甜蜜的，
哪怕他是一个对待儿子恪守细枝末节的人，
一个既不爱你也不关心你的人。

他用一些似是而非的论证来支持这种不可思议的观点：

这样你就可以轻易地隐瞒他的房租，
或者伪造他的签名获得债款，
或者利用他的奴隶欺骗他。
花掉从一个守财奴手中取得的钱财

---

① 泰伦斯所作。

② 参阅本书第一卷第 VI 章，页 8 的注释。

这是一件多么快乐的事情。

接着他继续说一个随和仁慈的父亲对儿子的爱是一种真正的灾难，因为

你如何能隐瞒他，如何能偷窃他，
能对他设计怎样的伎俩和谋术？
当父爱扼制了所有的诡计、花招和谋略
那是多么令人沮丧的事情。

"这些'诡计'和'谋术'，这些'花招'和'谋略'，难道其中不包含理性吗？诸神赋予了福尔米俄(Phormio)多么神奇的天资，使他说出这样的话：

把老糊涂带上台来。
我的计划都是成熟的。

XXX

"让我们撇开戏院，来看一下法院。一位法官在档案馆准备就绪，就要审理一桩纵火案。还有什么比这纵火行为更可耻的吗？而索西乌斯(Quintus Sosius)，一名来自匹塞浓(Picenum)的著名罗马骑士却对此供认不讳。在一个行贿公共账目审查委员会的案子中，阿莱努斯(Lucius Alenus)被认定有罪，他伪造了财政部的

六名高级官员的笔迹，你找不到比他更精明的恶棍了！再想想其他案例：托洛萨（Tolosa）的黄金盗窃案，[①]或者犹古尔塞涅（Jugurthine）的密谋反叛案。再想想较早的一些案例，例如被错判的土布卢斯受贿案，以及最近的一些案例，比如由佩杜凯乌斯（Peducaeus）提出指控的乱伦案。在新的法律下，类似的案件天天有，谋杀、投毒、挪用公款和伪造遗嘱。正是因为有了理性，才有‘我宣布，被告接受你的帮助和建议犯下盗窃罪’这样的判决。因此才会有对各种关系中的不良意念和不当行为的审判，比如监护关系、委托关系、合伙关系、信托关系等等，其他类型的案例也会从买卖、雇佣、借贷关系的破裂中产生。现在根据普拉托里安法（Plaetorian law），[②]我们对公民的事务有公开审判权，那张法网还束缚形形色色的冒犯，包括我们的朋友阿奎利乌斯引进的‘恶性欺诈行为’，他还把欺诈的含义引申，包括挂羊头卖狗肉的行为。

“我们难道能相信这一系列的邪恶就是不朽的诸神播下的吗？如果诸神赋予人以理性，那么它们也使人成为恶棍。恶棍只不过是理性与邪恶的目的、技巧、欺骗的联手罢了。因此根据你的观点，诸神要对欺诈、受贿负责，要对纵容这些犯罪负责；因为，这些行为的酝酿和实施无一不依赖于使用理性。因此我们可以重复悲剧里的老保姆的希望：

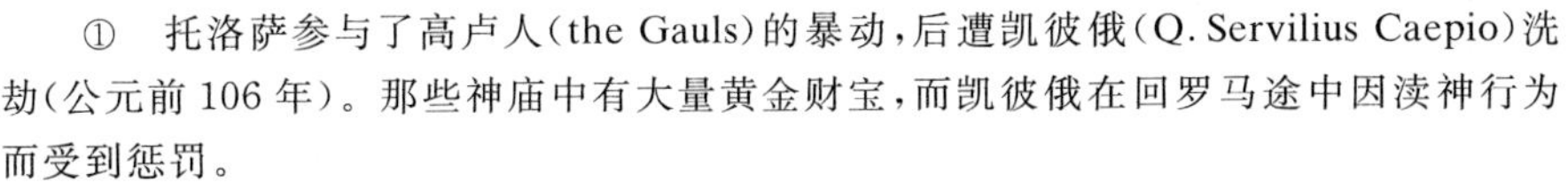

① 托洛萨参与了高卢人（the Gauls）的暴动，后遭凯彼俄（Q. Servilius Caepio）洗劫（公元前 106 年）。那些神庙中有大量黄金财宝，而凯彼俄在回罗马途中因渎神行为而受到惩罚。

② 一部禁止借贷人利用债务剥削年轻人的法律。

> 但愿培利安(Pelian)森林里的那棵冷杉
> 从来没有遭受过斧子的如此砍伐。[1]

“但愿诸神未曾赋予人类如你所说的这种致命的理性天赋！很少有人善用理性，而滥用理性者比比皆是，那些善用理性者更是经常被那些滥用理性者摧毁。所以，这种理性和预见的神圣天赋与其说是使人类变善，还不如说是促使他们堕落。

XXXI

“你说应该由人而不是由神来对这一切负责。医生倒是可以为疾病的严重性负责，舵手也可以为风暴的肆虐负责，而如果完全要由人来对这一切作出道歉那就未免太荒唐了。有人会说，‘如果没有疾病、没有风暴，谁会需要你的服务呢？’还有人可以更强有力地对神反驳，‘你们诸神说错误与人的邪恶相连。但你们为什么不把一种能够拒斥所有邪恶和犯罪的理性赋予人类呢？’那么诸神怎样犯下这个错误？我们人类在继承遗产时希望能留给我们的子孙后代一些有益的东西。在这一点上，我们人可能会犯错误。但神如何也会犯错误？然而太阳神犯了错，它允许斐索恩(Phaethon)驱赶他的马车。尼普顿也犯了错，它同意它的儿子忒修斯完成三个愿望，从而使他能够把死亡带给希波吕特(Hippolytus)。

---

① 恩尼乌斯的《美狄亚》中的序诗，欧里庇得斯(Euripides)希腊文同名剧本的拉丁译本。

“这些都是诗人的传说。然而我们，作为哲学家，面对的不是寓言而是事实。但即使是这些诗中的诸神，如果它们知道其恩惠将对子孙有害，那么可以说，它们在赋予恩惠时其善意被误导了，结果是事与愿违。喀俄斯的阿里斯托经常说，哲学家对那些误解了他们所传授的教义的学生来说害大于利。这样，阿里斯提波(Aristippus)学派可以很容易产生放荡不羁者，芝诺学派则很容易产生厌恶人类者。如果学生由于自己对哲学观点的错误理解，使他们离开课堂以后比他们进入课堂以前更加恶劣，那么对哲学家来说，保持沉默要比使他们的学生堕落更好一些。同样，如果诸神好意地把理性赋予人类，但人类却滥用这个恩惠进行伤害和欺骗，那么还不如完全没有这种天赋。

“如果医生为病人开出酒作为治病的药，而病人把它喝个精光而死去，而且医生是知道这一可能后果的，那么他必须对他开出这个药方负责。同理，你们的这个神意把理性赋予那些她知道会恶意使用它的人，所以也是该受责备的。也许你会说她并不知道这一点？我希望你会这么说，但你不敢。因为我们都知道你是多么尊敬‘神意’这个名字！

XXXII

“这个论证就到这里为止。所有哲学家都认为愚昧是一种比身体的疾病或者命运的打击更大的恶，对这种打击可以作出权衡。然而没有人真正抵达智慧。我们都会生大病，而你却说诸神为我们尽了一切努力。没有人是健康的与没有人能够变得健康是一样的,同理,我也看不出无人是聪明的与无人能够变得聪明之间有什么区别。

“我们没有必要对如此显而易见的道理再作进一步的阐述。忒拉蒙(Telamon)用一句话概括了整个论证,说明诸神对人漠不关心:

> 如果他们关心,那么
> 健康就会与善良相伴,
> 而疾病则与恶劣连在一起。
> 但事情却从来不是这样……①

“如果诸神在内心里希望人类好,那么它们应该使所有人都善良。如果这个要求太过分了,那么它们至少应该尽量使那些好人有好结果。如果是这样的话,那么为什么伽太基人在西班牙打败了两位斯基庇俄,两个最勇敢最优秀的人呢?为什么玛克西姆得埋葬他那个当了执政官的儿子?为什么汉尼拔(Hennibal)要毁灭玛凯卢斯?为什么保卢斯在迦南遭到惨败?为什么瑞古卢斯(Regulus)人被拱手交给残暴的伽太基人?为什么斯基庇俄·阿夫里卡努斯在自己家里都不安全呢?

“这些都是历史上的例子,这样的例子很多。再让我们看看现代的例子。为什么我的叔叔鲁提利乌斯(Publius Rutilius),一位学者和绅士,却被驱逐流放?为什么我的同事德鲁苏斯(Drusus)

---

① 这些诗句选自恩尼乌斯的《忒拉蒙》(*Telamon*)。

在他自己家中遭到谋杀？为什么大祭司斯凯沃拉，一位节制和谨慎的楷模，却在维斯太雕像前被暗杀？为什么我们有这么多的领导人被钦娜(Cinna)屠杀？玛里乌斯(Gains Marius)，最奸诈的人，如何能够迫害如卡图卢斯这样受人尊敬的公民呢？如果我试图罗列所有结局悲惨的好人，时间不允许。试图指出所有成功的恶人，时间也不会允许。为什么一个玛里乌斯可以七次成为执政官，然后寿终正寝在自己的床上？为什么像钦娜这样一个极其残酷的人统治了如此长的一个恐怖时期？

XXXIII

"你会说他最终因自己的罪行受到了惩处。但是如果一开始就阻止他杀戮如此多的好人，而不是在后来再让他受到惩处，这样不是更好吗？瓦里乌斯(Quintus Varius)，一个无法无天的人，死得很痛苦。如果这是对他刺杀德鲁苏斯、毒害麦特卢斯的惩罚，那么这是罪有应得。但如果他的受害者能够得到解救，这样不是更好吗？狄俄尼索斯统治一个富饶繁荣的城市达30年之久。在早些时候，庇西斯特拉图(Pisistratus)对雅典这朵希腊之花又统治了多少年！当然，其他僭主如法拉里斯(Phalaris)和阿波罗多洛为他们的恶行而受苦，这是真的。但在此之前他们已经杀害或者折磨了多少人呢？许多抢劫犯确实受到了法律的制裁，但我们能否认更多的被抢劫者比抢劫者死得更痛苦吗？据说德谟克利特的一个追随者，阿那克萨库斯(Anaxarchus)被塞浦路斯(Cyprus)僭主下令碾死在粉碎机里；埃利亚的芝诺也是被折磨而死的。至于苏格拉底，柏拉图对他的死的描述常常使我热泪盈眶。因此你看，如果诸神确实注视着我们这个人类的世界，那么它们并没有对善恶作出有区别的判断。

XXXIV

“犬儒学派的第欧根尼（Diogenes the Cynic）过去常常说，哈尔帕卢斯（Harpalus），这个被认为是他那个时代最成功的抢劫者，就是对抗诸神的活生生的证明，因为他如此长久地交好运。我已经提到过狄俄尼索斯。这个人，在洗劫了洛克里的普洛塞耳皮那神庙以后，起航去叙拉古（Syracuse），整个航程都是一帆风顺。于是他开玩笑说，‘看啊，我的朋友们，诸神对我的渎神行为给予何等的酬报！’这个恶人对事实看得非常清楚，以后也一直没有找到可以改变这种观点的理由。当航行到伯罗奔尼撒，进入奥林匹亚的朱比特（the Olympian Jupiter）神庙时，他从神像上刮下沉甸甸的金袍，这件金袍是僭主格罗（Gelo）从战胜伽太基人获得的战利品中取出一部分黄金做成的。他一边刮一边开玩笑说，金袍夏天太重冬天太冷，因此他要送给神一件木袍，这样就一年四季都适宜了。就是这个人还命令把埃皮道伦（Epidaurus）的埃斯科拉庇俄斯神像的金胡子拔下来，因为这位神的父亲阿波罗没有胡子，所以作为阿波罗的儿子不适宜留着引人注目的胡子。他还把神庙里所有的银桌都搬走。根据古希腊人的记载，这些桌子都属于‘善良的诸神’，而狄俄尼索斯却说，他很高兴从它们的善良中获利。他还毫无顾忌地拿走胜利女神的金像，以及一些神像托在手上的钵冕

等物，他说他这样做只是接受它们的恩赐罢了。‘向诸神祈求恩赐，却又对它们的赐予熟视无睹，这是愚蠢的。’他这样说。据说他还经常把这些从神庙里抢来的赃物在市场上展示，并把它们拍卖。但在收完了钱以后，他又命令买主们把这些从神庙里抢来的圣物归还给神庙。这样，他既嘲弄了诸神，又欺骗了同类。

XXXV

“尽管如此，奥林匹亚的朱比特并未用雷霆将这个人劈死，埃斯科拉庇俄斯也没有用可怕的闪电将他摧毁。他死在自己的床上，并且举行了庄严的葬礼。他以不合法手段获得的王位作为遗产传给他的儿子，似乎这是正当的、通过法律程序获得的。

“我很不愿意穷究这种论证，因为这似乎是在做对罪犯有利的事情。如果美德和邪恶并非深植于我们良知中的事物，而是与诸神赋予的理性天赋大相径庭的东西，那么结果很可能就是这样。如果良知丧失了，那么我们周围的一切都崩溃了。如果好事没有回报，罪恶不受惩罚，那么没有任何房子或者城邦可以作为理性和规律性的例证。同理，如果诸神不区分善恶，那么就不可能对人类的事务作出神圣的指导。

“也许你会说诸神不关心琐事，不在乎几亩土地或者一小片葡萄园。也许我们不能指望朱比特对每个人生病或每次因风暴遭受损失都感到不安。甚至在人的王国里，连国王本人也不会事必躬亲。也好比我自己一段时间以来一直没有抱怨鲁提利乌斯在佛米埃(Formiae)的农场事务,而只是关心对他人身的威胁。[1]

XXXVI

“人们一般都向诸神谢恩,为了他们的财产,诸如葡萄园、玉米地、橘树园,以及庄稼的丰收和舒适而富裕的生活,但没有人会把自己的美德看作是神的恩赐。因为我们确实有资格赞美我们的美德,并且完全可以为之自豪。如果我们是从神那里而不是从我们自己的本性中获得这些美德的话,那么我们就没有资格这么做了。当我们在公共事务或者私人生活中取得成功,或者经历了好运的降临,或者避免了某种灾难,那么我们会对诸神表示感恩,而不是把荣誉归于自己。然而,曾有人因为是个好人而向神感恩吗?没有,人只为他的荣誉、财富、个人安全而感谢诸神。人们把朱比特作为最好最伟大的神,不是因为它使我们公正、节制或智慧,而是因为它使我们安全、健康而富裕。如果神使某人成为一个好人,他也不会许诺向墨丘利交纳‘什一税’(a tithe)。[2] 他们确实说过,毕达戈拉斯不管在什么时候发现了新的几何定理,都要向缪斯祭献一头牛,但我不相信这种说法,因为他曾拒绝向提洛岛(Delos)的阿波罗神献祭,不愿把血洒在它的祭坛上。

“人类的一般观点是我们要向诸神寻求好运,而要向自己寻求智慧。我们会为理性、信仰、美德建造神龛,但我们知道,只有在我

---

① 见本书第三卷第 XXXII 章。——编注

② 用战利品或者所获财宝的十分之一献给作为财富之神的墨丘利。

们自己身上才能找到这些东西。而向诸神，我们请求安全、富裕和成功，希望这些都能实现。所以，正如第欧根尼经常说的那样，恶人的昌盛和交好运彻底证明了诸神的力量是虚假的。

XXXVII

“你说好人会有善终？不错，我们抓住这方面的例子，然后毫无理由地把它们归于诸神的仁慈。无神论者狄亚戈拉斯有一次访问萨摩色雷斯岛，那儿的一个朋友对他说，‘你认为诸神对人是漠不关心的？在这里，从所有这些还愿的场面你可以看到有多少人通过向诸神祈祷而在航行中逃脱了风暴的狂袭。’狄亚戈拉斯说，‘确实如此，但那些遭受海难和死在波涛中的人的场面又在哪里呢？’另一次他正在航行中，船员们对恶劣的天气感到焦虑，并且开始嘟哝着说这是对他们带上了一个无神论者的惩罚。狄亚戈拉斯向他们指出，同一航道上还有大量其他的船舶也遇到了同样的困难，然后问他们是否认为每一只船上的乘客名单中都有一个狄亚戈拉斯。事实上，一个人的性格和生活方式与他交好运还是交厄运根本无关。

“巴尔布斯告诉我们，诸神就像人间的君主，不可能事事关心。这个比较是不妥的。如果一位国王故意纵容犯罪，那么他应该受到指责。

XXXVIII

“而神绝不会对无知感到高兴。你为诸神提出了一个令人吃惊的辩护，说他们的力量如此伟大，即使罪犯因为死亡而逃避了对他所犯罪行的惩罚，他的子孙后代都将为他代过！这就是所谓的公正！可是，有哪个国家会允许建立这样一条法律，让子孙后代为他们的父亲或前辈犯下的罪行负责？

坦塔罗斯（Tantalus）的房子
难道要永远遭受破坏吗？
密耳提罗斯（Myrtilus）的死亡
难道还不足以洗刷污点吗？①

“很难说得清，是诗人败坏了斯多亚学派的哲学家，还是哲学家把权威让给了诗人？他们都在讨论奇迹和怪物。被希波那克斯（Hipponax）的讽刺作品或阿尔基洛科斯的诗句刺痛的人不能治愈来自神的痛苦，只能治愈从自己的错误中产生的痛苦。当我们思考埃癸斯托斯（Aegisthus）或者帕里斯（Paris）的欲望时，我们不会去谴责神，因为他们自己的罪行已经说明了一切。我认为治愈大量病人不是埃斯科拉庇俄斯的功劳，而是希波克拉底（Hippocrates）的功劳。我不会认为拉栖代蒙人（Lacedemonian）的生活规

① 这些诗句很可能引自阿克齐乌斯的《提厄斯忒斯》（*Thyestes*）。

范是由阿波罗而不是由莱克古斯(Lycurgus)给予斯巴达的。在我看来,毁灭科林斯(Corinth)的是克里托劳斯(Critolaus),而毁灭伽太基的是哈司德鲁巴尔(Hasdrubal)。[①] 正是这两个凡人在堤坝上挖出了大洞,而不是某个愤怒之神干的事,更何况根据你的观点,神是不会感到愤怒的。

XXXIX

"难道没有一位神能够拯救那些伟大而辉煌的城市?你总是说没有什么事情是神做不到的,并且是很轻松就能做到。神行事之易如同人能够根据自己的想法和愿望移动他的四肢,所以你说神的力量能够创造万物,推动万物,随意地改变万物。你并没有把这种信仰当作迷信,当作老生常谈,而是当作一个自然科学的推论。你说组成万物的质料是可变的,并渗透整个宇宙。一切事物都可以通过一种连续的转换变成这种质料。这种能够如此创造变化的力量就是神意,当其置身于全方位的运动,就能随心所欲地创造事物。根据你的这个理论,这个神意或者是不知道自己的力量,或者是不关心人类生活。要不然它就是不能判断什么是最好的。你说,'神意不关心个体。'我完全相信这一点。神甚至也不关心一个民族。不要说民族了,神甚至不关心整个人类,所以如果神表现

① 克里托劳斯,希腊联军的司令官,他在公元前 147 年被罗马人打败,科林斯被占领并被毁灭。哈司德鲁巴尔带领伽太基远征军攻打努米迪亚(Numidia)国王玛西尼萨(Masinissa)。因为这位国王是罗马人的盟友,这就给罗马人以借口发动第三次伽太基战争,导致伽太基的毁灭(公元前 146 年)。

出对整个人类的轻视,我们也大可不必惊奇。

“当你说诸神不可能关心一切时,你还说它们把不同的梦送给不同的人。我提到这点是因为你们斯多亚学派有关于梦的真实性的理论。你还说人们应该向神发誓。但发誓是个体性的,可见神意是关注个人的。因此你看,这个神意并不是如你所想象的那样非常忙。只要想想这个神意在全力以赴地旋转天穹,保护地球,平息海浪,它怎么会允许诸神无所事事呢?为什么不多派一些赋闲在家的神来做关于人类事务的信使呢?可提供服务的神似乎要多少有多少。

“关于诸神的本性,我所说的一切不是否定它们的存在,而是让你认识到这是一个多么困难的问题,每个试图回答这个问题的理论又是多么模棱两可。”

XL

科塔讲完后,卢齐利乌斯说,“好了,科塔,你已经对斯多亚学派的观点进行了强而有力的反击,尽管在我看来,他们关于神意的理论是从一个虔诚的精神演化而来的,其自身包含着神意的标志。但现在时间太迟了,你得允许我们改天再作回答。为了我们的圣炉和祭坛、我们的诸神的神像和神庙以及我们的城墙,你们这些祭司要我们敬之为圣物,我将举起双手反击你。事实上,你一直在满腔热情地用宗教而不是用战争教化我们的城市。只要我还有一口气,我就不会放弃它们,否则我会因此而感到可耻。”

“我也希望你能反驳我的论证,”科塔说,“我本人一直很想讨论我所论述的学说，而不是不假思索地宣告无用。因此我相信你会很容易战胜我的。”

“他认为甚至连我们的梦也是朱比特送来的，我对此表示怀疑。”威莱乌斯说，“尽管梦比斯多亚学派关于诸神本性的观点更有实质性的内容。”

讨论到此为止，我们都各抒己见。威莱乌斯认为科塔的论证最佳，而在我看来似乎巴尔布斯的观点更接近真理的影子。[①]

① 这个结论多少有点仓促，可见西塞罗的这部著作没有按照原先的打算写完。

附录一 《论神性》残篇

1. 西塞罗充分注意到人们敬拜的对象是虚假的。在列举了大量旨在颠覆宗教的事情之后，他又补充说："这些事不应该在公众场合讨论，因为这样的讨论可能会破坏已有的宗教。"〔Lactantius, *Divine*, *Institution*（《神圣原理》），卷二，章 3，节 2〕

2. 西塞罗在讨论诸神本性时认为："首先，作为万物之源的物质实体不大可能是由神意创造的。这个物质的实体始终拥有一种自身的力量和本性。木匠要制造某样东西并不需要自己创造木料，而是使用手边的木料。制模者也同样，只是使用蜡块来制造模型。同理，你们的神意也一定是使用已经预先提供的物料去制造，而不是自己去创造物料。但如果物料不是神创造的，那么土、水、气和火也不是神创造的。"（Lactantius 的《神圣原理》，同前，卷二，章 8，节 10）

3. 图利乌斯（Tullius）在《论诸神的本性》（*On the Nature of the Gods*）中说，大年（Great Year）包含 3000 年。〔塞尔维乌斯[Servius]论维吉尔（Virgil）的 *Aeneid*（《埃涅阿斯纪》），卷三，行 284〕

4. 西塞罗习惯用 Spirabile（breathable）这个词，尽管在《论神性》一书中他用的是 spiritabile 这个词。（塞尔维乌斯论维吉尔

《埃涅阿斯纪》卷三，行 600）

5.眼睛的“角质门”（the gate of horn）的意思是，它们比身体的其他部位还要坚硬；因为它们不会感到寒冷，西塞罗在《论神性》中也是这样说的。（塞尔维乌斯论《埃涅阿斯纪》，卷六，行 894）

6.我们不能相信这种永恒的崇高的本性可以从性别上区分为男性和女性。（Arnobius 的《致异邦人》，卷三，章 6）

7.西塞罗在他的著作《论神性》，卷三说：“人对所有兽类具有优先权。”（Diomedes 的《语法学》，卷一，章 313，节 10）

附录二　假想的后续对话

罗斯(J. M. Ross)

死神使我过早地不体面地离开了人世,而我在政治和哲学方面为世人鞠躬尽瘁。我死后马上就被送往厄琉西原野(Elysian Fields)。在这里,我不仅又看到了我亲爱的女儿图利娅,她的早逝令我晚年悲痛欲绝,而且我还能够与那些从前只有通过他们的著作才能认识的伟大的哲学家面对面地交谈。我不仅与往日相会,而且还能任意接触到未来,因为在厄琉西原野,所有的时间都是共存的。到达那儿以后不久,我与两位绅士进行了交谈。他们曾经默默地、不显身形地聆听过我们在科塔家里就诸神本性所作的讨论。其中有一位是四世纪的基督教作家,名叫拉克唐修,他对我的著作推崇备至,不但模仿我的风格,而且还在他的《神圣原理》中引用了我关于诸神的论述。另一位是英国人,名叫高德利斯(Thomas Godless),死于 1970 年。虽然他英年早逝,而且名不见经传,但他对宗教哲学的热忱使他成为 20 世纪许多人的代表,这些人发现自己无法相信任何神圣事物的存在。

我问拉克唐修是否介意首先对他所听到的对话发表评论。他说:“荣幸之至,我从头至尾聆听了整个讨论,发现它极为有趣。我可以对很多问题作出评论,指出这个论证的合理,那个论证的不足，还可以与后来的作家们作比较。但是为了不令你厌烦，我将尽力把评论限制在我所认为的基本问题上。如果我现在说的与我生前所写的不完全一致，那是因为自从来到这里以后，我已经拓宽了视野，通过与许多不同时代的神学家的接触，我纠正以前的一些观点。

"在我看来，你们所讨论的基本问题是，有意义的诸神究竟是否存在，换句话说，究竟有无一位或一些神圣的存在者，人们能对之虔诚地敬拜，而它们也能对地上发生的一切事物产生影响。三位对话人都同意有某一类神存在，但在论证这个信仰时所提出的理由各不相同。在讨论过程中，他们至少提出了五种不同的推论：(1)威莱乌斯的推论是这是全人类的普遍信仰，似乎'只要五千万法国人相信，那就不会有错了'(卷一，章 XVI—XVII)。巴尔布斯支持这个观点，理由是许多人都看见了诸神的幻象(卷二，章 II)；(2)巴尔布斯的主要理由是自然的规则性和神意的仁慈迹象(卷二，章 II—VII，XVIII—XXII，XXXII—LXVII)；(3)他还提出了一系列抽象的推理，证明肯定有一种卓越的理智力量存在(卷二，章 VII—XVI)；(4)此外他还认为，由于未来可以预见，所以它必然是由神注定的(卷二，章 III—IV)；(5)另一方面，科塔认为，相信诸神只是出于对传统的尊重，并不需要其他理由(卷三，章 I—IV)。

"你们在讨论中提出的这些推论没有一个令我满意。(1)第一个推论依赖于不可靠的人类经验，这就使诸神的可信程度降低到海怪、妖精和飞碟之类事物的可信程度；无论如何，这样的论证无法解释我稍后要提出的一个观点。这种论证从日常经验出发去证明神性的唯一性，从而使神成为仅仅是一种被观察的现象而已，而神实际上是一切现象背后的实在。(2)同样的反驳也适用于第二个推论，它把神降至人的水平，使他成为一个超级工程师，以规则人类生活和为人类提供有效环境为乐。(3)抽象论证的出发点也是错的，其构建的与其说是一个真实的神，还不如说是一种逻辑结构。(4)假定未来可以预测，我不否认有可靠的证据表明20世纪的事物是可预测的，但这并不能证明未来是被决定了的，更不能证明一定有一位神在作决定，能预测未来实际上只能证明在一定条件下，人的心灵能够在时间中游弋，并能够在某个时间观察到在另一时间自由选择的东西。(5)科塔的理由根本称不上是理由，如果只是凭着传统而不需要任何理由就信仰，这样的神还能是真正的神吗？

“不过，尽管你们在讨论中使用的理由没有一个令我满意，但大多数论证还是有一定道理的。让我们首先来看看论证(1)和(5)。宗教也像其他所有领域一样，肯定要尊重传统，这样做不是因为它是传统，而是因为它包含着那些一直致力于研究问题的哲人的智慧。对人类的普遍经验也应予以尊重，不是尊重粗汉们由于迷信而产生的令人恐怖的幻象，而是尊重有意献身于神并探索其本性的伟大的圣徒、神秘主义者以及神学家们的经验。从他们那儿我们知道，如果存在着一位神，那么他与宇宙中的其他任何一种存在都截然不同，他既是无限的又是有位格的，既在时间之中又在时间之外，既在空间运作又不处于空间之内。对这样一位存在者只有凭借与他本性相应的方式才能认知。正如我们学习地质学，认识朋友，区分图画之优劣要使用不同的方法一样，我们若要获得关于神的知识也需要一种别样的方式。要求我们按照只适用于其他领域的研究方式来了解神，就如同仅仅因为其信息无法用语言或者图形加以表述而把从佩罗丁（Perotin）到弥塞安（Messiaen）整整七个世纪的悦耳的音乐视为毫无意义的声音而全部抛弃。同理，如科塔正确指出的（卷一，章 XXIX—XXX）那样，如果神的本性不能用人的或者星辰的语言加以表述，那么这并不一定意味着神就不存在，也不意味着他是没有位格的或是没起作用的。

"那么我们怎样才能认识神呢？关键在于不要试图以人的想象去构建神，用想象构建神往往只是对我们妄自尊大的一种掩饰而已，而应该让神占据我们，拥有我们。以同样的方式，科学家只有不再把自己的想法强加给自然，而是让自己服从自然，他才有可能获得正确的结论；历史学家也必须停止从他自己的时代和观念出发去解读历史，而让史实本身来影响他。这样的比较还可以更进一步。科学家和历史学家必须以适合于他们各自领域的方式研究问题，而不能因为遇到无法解释的事件就把神引进来，权作原因。附带说一下，只有这样，神学才是好的神学，科学也才是好的科学，因为神并不仅仅是一系列原因中的一个。同样，神学家必须以神学的洞察和反思来寻找神，而不是使用科学的方式来讨论神，或者把人的本性投射到天空中去。

"伊壁鸠鲁主义者和斯多亚主义者把诸神的本性说成是有形的、占据空间的，他们都犯了这样的错误。对伊壁鸠鲁学派来说，诸神不过就是占据具体空间的，比伊壁鸠鲁学派的哲学家更优秀的一群存在者。对斯多亚学派来说，诸神要么是由火构成的，要么就是整个物质宇宙的别名，或者就是宇宙的外层覆盖物。科塔充分揭示了这些概念的荒谬性。如果神是被造世界的一部分,那么他必须服从于变化和腐朽,就像被造世界中的其他被造物一样(卷三,章 XI);科塔没有看清楚的是,神不是被造世界的一部分,而是被造物的创造主,因此,拒斥这些斯多亚学派和伊壁鸠鲁学派哲学家的错误观念根本没有毁损神的真实存在。作为一个天生信仰传统宗教,并相信它对道德来说是必需的人,科塔应该进一步对神的存在提出更具确定性的事例来。他可以问,道德、真理或伟大的技艺,若不是来自与我们这个相对的世界截然不同的绝对世界或终极王国,难道它们真的能够存在吗?就拿道德来说,道德中的真正问题不是什么是善,对此可以有无数的答案,因为道德之善是一个无限提高的能力和程度问题;真正重要的问题是,什么是公正。即使在我们中间,有些人对个人责任还是一无所知,不相信某些行为是我们必须履行的。我们普遍相信他人对我们负有责任,相信我们拥有一些绝对权利,只要大声祈求上天就可得以满足。如果伦理学只是关于相对品味和偏好的学科,那么为什么人们如此热衷于纠正被压迫者的冤屈?因为道德判断的相对性依赖于一个绝对基础。换句话说,不管我们承认与否,我们都相信一个关心公正问题的神。因此我们一定要努力寻找神,但用的是其他方式,而不是伊壁鸠鲁学派和斯多亚学派所用的那些方式。

"现在我想对这两种哲学作进一步的评论,因为它们代表了两种将在未来的 20 个世纪或者更多的世纪里吸引许多人的思想。伊壁鸠鲁主义,从赤裸裸的原子出发,把一切都归结为物理学的解释,所以它永远也不可能为一个真正卷入这个世界并对其产生影响的神找到位置。这种哲学将把 16 世纪以降,许多头脑简单企图把宗教削弱为单一科学的人引向普罗克路斯忒斯之床（Procrustean bed）*。他们中有些人被赶出基督教教会；有些人则以自然神论和激进基督教徒的名义试图继续留在教会。但他们会发现自己无法向一位有效的神祈祷，他们的祷告被他们竖立在他们自己与神之间的隔音板上弹回自身。他们的祷告不过就是冥思默想，而神变成只是对他们自己的想法和欲望的一种回应。难怪他们中有些人会说'神死了'。对有些人来说，这可能会解决如何达到他们自己心灵安宁的问题，但这是一种自我中心论的解决办法，（对伊壁鸠鲁来说，甚至诸神也完全是以自我为中心的）而回避了真正的问题，即如何与终极存在和平共处的问题，有限的、愚蠢的、具有恶的心灵的人又怎能与宇宙整体保持良好关系呢？

"斯多亚主义犯了相反的错误。它不是把神与世界分离，而是将两者等同起来。这种学说也会在未来的二十个世纪里的许多时代吸引许多人，新斯多亚主义实际上部分地是对 17 世纪以后的新伊壁鸠鲁主义把神与世界分离的反动。但是斯多亚主义也回避了真正的问题。通过把人与神混为一谈，它声称不再需要调和了。但是面对这个世界的邪恶和痛苦，这种等同不可能作为可靠的解决办法。最优秀的纯粹的泛神论者迟早会产生怀疑，人的邪恶和自然的残忍怎么可能是真正神圣的？斯多亚主义者很难承认神是不完美的，所以他不得不在神与世界之间加以区分。但这样做只是揭示了真正的问题而没有解决问题。

* 普罗克路斯忒斯是希腊神话中的强盗，他开设的黑店里有一张铁床，投宿者身材高大者被截短，身材矮小者被拉长，使他们的身材与铁床的长短相等。——译者

“我认为较好的观点是，承认神有别于自然但又与自然密切相关，通过跨越由神提供的、架在自然与神之间的桥梁，人不仅能够与他自身保持和睦，而且能够与神保持和睦，换句话说，这座桥梁就是把神与人连接起来的耶稣基督，在耶稣基督中神变成了人。此处不便对这个观点作出详细而实际的解释。我只需简单地说，接受基督所提供的这种调和的人仍然会与神有区别，但却密切地与神联系在一起，并开怀拥抱基督徒们所说的神圣的恩典。”

拉克唐修似乎结束了他的发言，但高德利斯不满足并向他提了四个问题。

他说：“我感到困难的第一个问题是，你似乎并没有比斯多亚学派更好地解决恶的问题。这个世界存在着痛苦和邪恶的事实如何与你所说的世界处在一个无限强大的、充满爱的神的关心之下的观点相协调呢？科塔的反对意见（卷三，章 XXVI—XXVII）仍然没有得以回答。”对此，拉克唐修回答说：“托马斯，我给你两个答案。第一，如果基督教提供了人与神之间的和解，那么就不需要再去解决任何理智上的难题了。第二，对这个古老问题，基督教确实比斯多亚主义提供了一种更好的答案，因为斯多亚主义原则上是决定论的，而基督教的神给予人选择的自由，并且也有可能在某种程度上给予自然界以选择的自由。他希望万物都事奉于他，但不是作为机械，而是通过自由选择；但是这种自由的恩典包含着冒险成分，因为人可能会选择恶而不是善。如果神禁止惩罚这个世界的恶人（卷三，章 XXXII—XXXVIII），那不是表明了他的无能而是表明了他的仁慈。伊壁鸠鲁坚持人有自由，但以牺牲诸神的真实性为代价；斯多亚学派坚持神的万能，但牺牲了人的自由。基督教则将两者都考虑在内了。”

“我的第二个问题是，”托马斯继续问，“如果人是自由的，那么未来就不可能预见；但这样一来，神的万能又变成什么呢？这个问题在你身前深深地困扰着你，马尔库斯·图利乌斯*，这一点可以从你的著作《论命运》（*On Fate*）和《论占卜》（*On Divination*）中看出来。”

“我不觉得这里有什么难题，”拉克唐修回答说，“可以肯定，如果人始终向神敞开，那么神就能预见到人在行使他赋予他们的自由权利时会如何选择；他保留介入人的自由的权能，但一般情况下并不使用。如希波的奥古斯丁（Augustine of Hippo）所说①，我们承认上帝的万能以便更好地信仰他，同时，我们承认人的自由以便更好地生活。”

“第三个问题，”托马斯问，“如果有一位神希望人类信仰他，那么他肯定会留下证据使人类能够认出他来，而不是留下如此模糊不清的问题。”

拉克唐修回答说：“但是，什么样的证据能实现这样的目的呢？要么神把自己转化为一种存在物，人们可以通过科学、历史或者其他途径对它加以研究，但这样一来，他就不再是神了；要么他在所有人的心灵中烙上一个信念，使人们不可抗拒地相信他的存在，但这样一来，他就剥夺了人的信仰自由。”

“第四个问题，”托马斯继续问，“我很想知道你对威莱乌斯提

* 即西塞罗。——译者

① 参阅《上帝之城》（*City of God*），卷五，章10。

出的问题（卷一，章 III—IX）怎么回答，这个问题是，在有时间之前，神在干什么？”

拉克唐修说：“许多世纪以后路德（Martin Luther）对同样的问题作出过回答，他的话说出了我的意思。他说：‘那时神正坐在桦树旁削一根棍棒，用来抽打提出荒谬问题的人。’”

然后我要求托马斯根据他的观点对整个对话发表评论。

托马斯说：“我承认拉克唐修正确地表述了这个问题的要点，即诸神是否不止是一个概念性的存在。我很高兴他如此直率地指出整个对话中用来说明诸神存在的五大推论的不恰当性。我还要指出，这些推论都是不可靠的，这就意味着即使把它们加在一起也不具有说服力。斯多亚学派名目繁多的论证似乎表明他们对其论证的有效性缺乏信心。现在我想对每种论证依次稍加评论。

“（1）我同意科塔的观点（卷三，章 IV—VI），即使对诸神的存在有一种普遍的信仰也不能证明他们就是存在的，因为这种信念可能是错误的。拉克唐修求助于神秘主义者和神学家这点很好，但他们也可能是错误的；令人吃惊的是，有许多富有理智和教养的人却认为那些巫术和占星术臆造的体系具有可靠性。（2）我可能要超出拉克唐修所认为的必要程度，比较详细地论述巴尔布斯始于自然的论证。巴尔布斯一开始（卷二，章 II）就指向天空，他说，在看到星辰以后没有人能够否认它们受一个卓越的理智支配。我无法赞同他的推论。星辰无疑是非常神奇的，但我们有必要发明一个神来解释它们吗？它们运行的有序性正好反驳了这一点；如果星辰本身是神圣的，如巴尔布斯后来所说（卷二，章 XIV—XVI），那么它们的运行必然呈现出理智的迹象，而不是固守一种机械的轨道。巴尔布斯还指出自然是仁慈的(卷二,章V)。但自然除了仁慈的一面外,还有残酷的一面。他还注意到自然界的奇妙和奇迹(同上),但他怎么能够从自然的有规则性和无规则性中同时推导出神来,这是我所不能理解的。自然界中的大多数怪异现象都有非常简单的科学解释。此外,巴尔布斯还在世界适宜人类居住这一点上大做文章,但是我们为什么要认为世界是为人类的居住而设计的呢?设想在数百万年的进化过程中,动物和人类逐渐使自己适应正好发生在这个行星上的偶然环境,这样想不也同样很合理吗?太阳似乎对人很仁慈,但那是因为我们使自己适应了阳光;而美西螈在黑暗中也过得非常幸福。这个世界为人类的居住而设计,这种说法是不对的,因为这个世界有广阔的地区人根本无法居住,有许多地方人们还在不断地与恶劣的气候作斗争。还有,人具有理性这个事实并不能特别证明存在着一个理性的造物主。当然,假定一切都需要创造者,那么很难设想创造者比他所创造的东西拥有的理性要少;但这种假定迫使我们提出这样的问题:我们是否真的需要一个宇宙的创世主?

"我已经谈了一些观点,图利乌斯。不幸的是,科塔对巴尔布斯的回答的大部分内容在你的对话中都遗失了,读者们无法得知。现在我想谈谈偶然性问题。巴尔布斯认为这个世界上秩序和规则太多了,所以它根本容不下偶然性;如果你把一箱字母撒在地上,它们自己并不能形成恩尼乌斯的《编年史》(卷二,章XXXVII)。但宇宙的理智和人的语言的理智并不以同样的方式表现。它对许多阐释者来说是个巨大的谜团。它就像一幅现代派的抽象画,有人会说它是完全随意画成的,有人会说他们在画上看到了秩序、设计和意义，还有人会说它表现了构思者的个性，无疑，这个构思者就是波洛克(Jackson Pollock)*。哪一种观点对呢？我们研究自然，从中发现它充满了规律性，因为我们要寻找的就是规律；但是，如果我们要寻找表明偶然巧合的证据，也有大量这样的证据唾手可得。我们能够预测月蚀，但我们无法预测太阳黑斑，无法预测天气的细微变化，或者旅鼠冲向大海的日期，或者下一次地震将在何时何地发生。进化的大部分过程似乎都是在并无特定原因的情况下发生的。谁能解释羚羊有保护色而斑马没有？为什么鲸鱼返回到水里并双腿退化？为什么热带鸟类比欧洲的同类具有更鲜亮的颜色？为什么在一次危机中有些物种灭绝了，而有些物种能够适应新的环境？如果我们相信有一个造物主，那么我们可以说所有这些都是他精巧设计的一部分，或者说这是他赋予他的创造物次一级创造活动的结果，但我们同样也可以把它们归为纯粹的偶然事件。

“我必须简单说说论证(3)，芝诺的推论(卷二，章 VIII—XIV)。科塔已经非常彻底地揭示了它们的错误(卷三，章 VII—IX)，我这里只作一般性的评论。如果查看一下证明神存在的那些证据，你会发现人们实际上都已经设定了他们要证明的东西。比如设定宇宙本质上是善良的和有目的的，或者设定第一因必然存在或有一个必然的存在者。这样的论证不是真正的从已知到未知的论证。康德(Kant)在他的《纯粹理性批判》(*Critique of Pure Reason*)中表明，我们不能从人的思想范畴出发讨论理性以外的

---

* 波洛克(1912—1956)，美国画家，抽象派的主要代表。——译者

事物。关于论证(4),对未来的预测,我同意拉克唐修的观点,但我更不愿意承认真实预测的可能性。许多预测都被事实证明是毫无根据的;事后还能被回想起来的预告都是幸运的。即使预测是可能的,也不能由此推论未来是注定的,更不能推论它是由神决定的。至于论证(5),我也同意拉克唐修的观点,传统本身不能证明对神的信仰。

“如果诸神的存在是如此模糊不清的问题,那么为什么人们如此急切地要相信一个神圣的世界呢?从拉克唐修、巴尔布斯以及科塔所说的话中可以看出,因为这样的信念被认为是道德所必需的。但果真如此吗?为什么支撑道德价值必须要有神呢?难道道德价值不能依赖自身吗,比如像美学价值那样?我们确实能够合乎道德地生活,即谨慎、谦卑、负责和忍耐地生活,而不必相信某个或某类行为是绝对正确的?可能正好相反,在实际生活中,有宗教信仰的人并不比无宗教信仰的人做得更好,因为他们的恶被宗教热忱合理化、强化了。伊壁鸠鲁在这一点上是完全正确的,不过他应该对自己的信念有足够的勇气,并彻底弃绝诸神。因为在他的体系中,诸神只是闲散的多余物,更像20世纪某个基督教的上帝,只是一幅理想道德的画像,与世间所发生的一切没有任何关系。

“当然,如果神是真实的,那么就有这么一个问题,作恶的人怎么与神和解而不是简单地被神吸收?我承认,在这个问题上,基督教提供的答案比斯多亚学派的答案好得多,要能做到这一点,除非人们能够接受这个进入人类生活的自相矛盾的神。但这是一个假问题,因为根本没有令人信服的理由证明有神存在。

“也许通过指出巴尔布斯和拉克唐修的两难境地,我可以概括一下我自己的立场。关于神，或者有可信的证据，或者没有；可信的证据我指的是可以被历史学家或科学家接受的、能够证明在这个世界上有神活动的事实根据。如果有这样的证据，那么意味着神就是现象世界的一部分，对他可以进行历史的或科学的研究。但是在这种情况下，他就不是无限的造物主、无时间限定的第一因、一切存在的基础，因此也不是适宜人类敬奉的对象。另一方面，如果没有可信的证据，因为我们首先相信神，然后再去寻找证据，那么神就成为完全不同于宇宙万物的另一种存在，因此他是不可知的，与日常生活无关。总的说来，巴尔布斯陷入了两难困境中的前一难，而拉克唐修则陷入后一难。如果我能看到第三种选择，我会很高兴地加以考虑。”

托马斯讲完了。我说，我感到在拉克唐修和托马斯之间有一种面对面的冲突，前者认为，如果你首先设定神是存在的，你就会相信他的真实性；而后者认为这是一种理智上的不诚实。我得承认，在这一点上我倾向于拉克唐修，因为我始终认为，如我的著作所表明的那样，神已经在人类心中植入了一种天生的信念，使他们相信神是存在的。拉克唐修在这点上补充说，在他看来，我们对神的认知是我们对物理世界以及对他人的认知的基础；对那些怀疑这些事物的真实性的人来说，它们的存在也是无法证实的。“也许是这样，”托马斯说，“但是我们并不一定要像相信这个物理世界和他人的存在那样必须相信神的存在。”“恰恰相反，”拉克唐修说，“我们相信神的存在的必要性比相信物理世界和他人的存在的必要性更大，不过，这是另一种必要性。”

我认为两位发言者在这一点上都提出了新观点，这是我们以前在科塔家里讨论时所没有提到过的，所以我应该尽快把这些观点带回去与威莱乌斯、巴尔布斯和科塔作进一步讨论，以便使我们对这些困难而重要的问题的解答更加接近解决。

译名对照表

Abdera 阿布德拉，地名

Absyrtus 阿伯绪耳图斯，希腊神话人物美狄亚的兄弟

Acanthe 阿堪塞

Accius 阿克齐乌斯，罗马悲剧作家

Acheron 阿刻戎河，希腊神话冥府中的河流

Achilles 阿喀琉斯，希腊神话英雄

Adonis 阿多尼斯，希腊神话人物

Aeetes 埃厄忒斯

Aegialeus 埃吉阿琉斯，阿伯绪耳图斯的另一个名字

Aegisthus 埃癸斯托斯，希腊神话人物

Aemilius Marcus Scaurus 埃米利乌斯·玛库斯·斯考卢斯，罗马执政官，

Aemilius Paulus 埃米利乌斯·保卢斯，罗马执政官

Aemilius Paulus，Macedonicus 马其顿的埃米利乌斯·保卢斯，罗马将军

Aesculapius 埃斯科拉庇俄斯，医神

Agamemnon 阿伽门农

Alabanda 阿拉帮达，城市名

Alabandus 阿拉帮都斯，希腊神话英雄

Albucius 阿尔布齐乌斯，伊壁鸠鲁主义在罗马的拥护者

Alcaeus 阿尔开乌斯，希腊抒情诗人

Alco 阿尔科

Alcamenes 阿尔卡美涅斯，雅典雕刻家

Alemena 阿尔克里娜

Alexander the Great 亚历山大大帝

Almo 阿尔摩河，台伯河的支流

Altar 天坛座，星座名

Ammon 阿蒙，神名

Amphiaraus 阿菲阿拉俄斯，传说中的预言家

Anaxagoras 阿那克萨戈拉，希腊哲学家，伯里克利的朋友和老师阿那克西美尼的学生

Alcmaeon of Croton 克罗通的阿尔克迈翁，与毕达戈拉斯同时代的一个年轻人

Anaxarchus 阿那克萨库斯，德谟克利特学派的哲学家

Anaximander 阿那克西曼德，希腊米利都学派代表人物之一

Anaximines 阿那克西美尼，米利都学派代表人物之一

Andromeda 安德洛墨达，星座名

Anteros 安特罗斯，罗马天神朱比特的另一个名字

Antiochus 安提俄库斯，学园派哲学家，西塞罗的老师

Antiope 安提俄珀

Antisthenes 安提司泰尼，犬儒学派创始人

Aoede 阿欧德

Apis 阿彼斯，埃及的神牛

Apollo 阿波罗，希腊太阳神

Apollodorus 阿波罗多洛，斯多亚学派哲学家

Apollodorus 阿波罗多洛，卡桑德拉的僭主

Apollonius Rhodius 洛提乌斯

Aquarius 宝瓶座，星座名

Aquilius 阿奎利乌斯，执政官

Aratus 阿拉图斯，诗人

Arcesilas 阿尔凯西拉斯，中期学园派的创始人

Arche 阿尔凯

Archilochus 阿尔基洛科斯，讽刺诗人

Archimedes 阿基米德，数学家和天文学家

Arcturus 牧夫座，星座名

Aristaeus 阿里斯塔俄斯阿波罗的一个儿子

Aristippus 阿里斯提波，居勒尼学派创始人

Aristo 阿里斯托，斯多亚学派哲学家

Aristotle 亚里士多德，希腊大哲学家

Ardea 阿德亚，古老的拉丁城镇

Areopagus 阿瑞俄珀克斯，元老院议员；战神山

Argonauts 阿尔戈诺茨大船的所有者

Argo 南船座，星座名

Argos 阿果斯，地名

Argus 阿耳戈斯

Arsinoe 阿尔西诺

Arsippus 阿耳西浦斯

Aristaeus 阿里斯塔俄斯，神话中橄榄的发现者

Astarte 阿斯塔尔特，古闪米特神话中的女神

Asteria 阿司特里娅，拉托那之妹

Astypalaea 阿斯泰巴香亚岛，基克拉迪群岛中的一个岛

Atreus 阿特柔斯，迈锡尼国王，珀罗普斯之子

Attus Navius 阿图斯·纳维乌斯，占卜家

Aulus Postumius 奥卢斯·波司图米乌斯，罗马独裁官

Basic Substances 始基

Aulus Atilius Calatinus 奥卢斯·阿底利乌斯，卡拉提努斯，罗马执政官

Bear 熊星座，星座名

Belus 柏卢斯，神名，即印度的赫丘利

Bird 天鸟座，星座名

Boeotia 玻俄提亚，地名

Bow 天弓座，星座名

Bull 公牛座，星座名

Cabirus 卡比鲁斯，狄俄尼索斯之父

Cadmus 卡德摩斯，伊诺之父

Caecilius Metellus 凯基利乌斯·麦特卢斯，罗马执政官

Caecilius Statius 凯基利乌斯·斯塔修斯，希腊喜剧译者

Caelius 凯利乌斯，罗马法学家

Caelus 凯卢斯“天空”的意思

Calatinus 卡拉提努斯，罗马执政官

Calchas 卡尔查斯，希腊军队的占卜家

Camirus 卡米鲁斯

Cannae 迦南，地名

Capicol 卡皮托利，山名

Capricorn 摩羯座，星座名

Carbo 卡尔玻，为杀人犯格拉克库斯辩护的律师

Carneades 卡尔涅亚得斯，新学园派创始人

Carthage 迦太基，地名

Carthago 卡尔萨哥，朱比特和阿司特里娅儿子赫丘利之女

Cassiopeia 仙后座，星座名

Castor 卡斯托耳，瑞吉鲁斯湖战役中显现的神灵

Cato 伽托，罗马执政官

Catulus the Elder 老卡图卢斯，罗马执政官

Catulus the Younger 小卡图卢斯，罗马执政官

Centaur 山陶，人头马怪物

Cepheus 仙王座，星座名

Cerberus 刻耳柏洛斯，希腊神话中看守地狱大门的三头狗

Cercops 凯尔科培斯，诗人

Ceres 刻瑞斯，希腊地神

Chalcis 卡尔西斯，海峡名

The Charioteer 御夫座，星座名

Charon 卡隆，希腊神话人物

Chimaera 银蛟，希腊神话中的怪物

Chronos 克洛诺斯，希腊天神

Chrysippus 克律西波斯，斯多亚学派哲学家

Chrysippa 克律西帕，克律西波斯的女性称呼

Cinna 钦娜,罗马执政官
Circe 喀耳刻,希腊女仙
Circei 基凯,地名
Claudius Marcellus 克劳狄乌斯·玛凯卢斯,罗马统帅
Cleanthes 克莱安塞斯,斯多亚学派哲学家
Cocytus 科塞图斯河,希腊神话中冥府中的河流
Codrus 科德鲁斯,传说中的雅典国王
Colchi 科尔基
Corinth 科林斯,希腊城邦
Cornelius Nasics Scipio 科尔涅里乌斯·纳西卡·斯基庇俄,罗马执政官
Corybas 科律巴斯
Coryphe 科律佛
Crab 巨蟹座,星座名
Crassus,Lucius 克拉苏斯,威莱乌斯的朋友
Crete 克里特岛名
Critolaus 克里托劳斯,希腊联军统帅
Crotona 克洛托那,罗马历史人物
Crown 日冕,星座名
Cup 巨爵座,星座名
Cupid 丘比特,罗马神名
Curius 库里乌斯,罗马执政官
Cynosure 狗尾巴座,星座名
Cynosurae 西纳舒勒
Deianira 德伊阿尼拉,赫丘利的妻子
Delphi 德尔斐,地名
Demeter 德墨忒耳,希腊母神和地神
Democritus 德谟克利特,希腊原子论哲学家
Diagoras of Melos 弥罗斯的狄亚戈拉斯,无神论哲学家
Diana 狄安娜,希腊月神
Digiti of Mount Ida 伊达山的狄吉提
Diodotus 狄奥特图斯,斯多亚学派哲学家,西塞罗的老师
Diogenes of Apollonia 阿波罗尼亚的第欧根尼,希腊哲学家阿那克西美尼的学生
Diogenes of Babylon 巴比伦的第欧根尼,斯多亚学派哲学家
Diogenes the Cynic 犬儒学派的第欧根尼,哲学家
Dione 狄奥娜
Dionysus the Elder 老狄俄尼索斯,叙拉古僭主
Diomedes 狄俄墨得斯
Dioscuri 狄俄斯库里,卡斯托耳和波吕丢克斯兄弟二人的总称
Dis 狄斯,即冥王普路同
Dog 天犬座,星座名

Dolphin 海豚座,星座名
Dragon 天龙座,星座名
Drusus 德鲁苏斯,罗马保民官
Duellius 都厄利乌斯,罗马执政官
Eagle 天鹰座,星座名
Eleusis 厄琉息斯,希腊神话地名
Empedocles 恩培多克勒,希腊多元论哲学家
Ennius 恩尼乌斯,罗马诗人,欧赫美洛斯的学生
Ephesus 爱菲斯,地名
Epicurus 伊壁鸠鲁,希腊化时期原子论哲学家
Erectheus 厄瑞克透斯,雅典国王
Esquiline 埃斯奎利涅
Etna 埃特纳,火山名
Etruscans 伊特拉斯坎人
Euberleus 欧布勒乌斯
Euhemerus 欧赫美洛斯,希腊神话作家
Eumenides 欧墨尼德斯,希腊神话人物
Euripides 欧里庇得斯,希腊悲剧家
Europa 欧罗巴,希腊神话人物
Fabius 法比乌斯,罗马人物
Fabricius 法伯里基乌斯,罗马执政官
Faunus 法乌诺斯,罗马人物
Feuns 农牧神
Fishes 双鱼座,星座名
Formiae 佛米埃,古代拉丁城镇
Furies 富里斯,罗马神话人物
Gaius Cotta 盖乌斯・科塔西塞罗的朋友
Gaius Figulus 盖乌斯・菲古卢斯
Gaius Flaminius 盖乌斯・佛拉米纽斯,罗马执政官
Gaius Lutatius 盖乌斯・卢塔提乌斯,罗马将军
Gaius Marius 盖乌斯・玛里乌斯,罗马政治家
Gaius Velleius 盖乌斯・威莱乌斯,议员,西塞罗的朋友,伊壁鸠鲁学派在罗马的代表人物
Gallus Aquillius 伽卢斯・阿奎利乌斯,罗马执政官
Ganymede 伽倪墨得,神的侍酒俊童
Gelo 格罗,叙拉古僭主
Giants 巨灵神
Glauce 格劳克,神话人物,狄安娜之母
The Goat 山羊座,星座名
Hannibal 汉尼拔,迦太基著名将领
Hare 天兔座,星座名
Harpalus 哈尔帕卢斯,强盗
Hasdrubal 哈司德鲁巴尔,汉尼拔的兄弟
Hebe 赫柏,斟酒女神
Helenus 赫勒努斯,著名预言家

Helice 旋涡座，星座名

Heliopolis 太阳城

Heraclides of Pontus 本都斯的赫拉克利德，哲学家

Hera 赫拉，希腊天后

Heraclitus 赫拉克利特，早期希腊哲学家，被称为“晦涩哲学家”

Hercules 赫丘利，罗马神名

Hermarchus 赫尔玛库斯，神话人物

Hesiod 赫西奥德，古希腊诗人

Hesperides 赫斯珀里得，神话人物

Hesperus 赫斯帕鲁，行星名

Hestia 赫斯提，希腊女灶神，即维斯太女神

Hiero(n) 希厄洛，叙拉古僭主

Hippocrates 希波克拉底，希腊医学家

Hippolytus 希波吕特，早期基督教教父

Hipponax 希波那克斯，希腊讽刺诗人

Homer 荷马，希腊史诗作家

Hostilius 荷斯提利乌斯王

Hyades 许阿得斯，即毕宿星团

Hydra 九头蛇，星座名

Hyperion 许珀里翁，太阳神之父

Ialysus 伊阿律苏斯，太阳神之子

Idyia 伊底伊亚，美狄亚之母

Indus 印度河

Ino 伊诺，卡德摩斯之女

Isis 伊西斯，埃及女神

Janus 伊阿诺斯，看守门户的两面神

Jason 伊阿宋，僭主

Jove 朱维，朱比特的别称

Junius 尤尼乌斯，克劳狄乌斯的战友

Juno 朱诺，罗马女神

Jupiter 朱比特，罗马天神；木星

Korina 科里亚

Kronos 克洛诺斯，希腊天神

Latona 拉托那，阿波罗之母

Lanuvium 拉努维乌姆，地名

Leda 勒达，卡斯托尔和波吕丢刻斯之母

Lemnos 兰诺斯岛

Leonatic 勒奥那托，雅典一神龛名

Leontium 勒翁提乌姆，一个娼妇的名字

Leucippus 留基伯，希腊原子论哲学创始人，德谟克利特的老师

Leucothea 琉科忒亚，即伊诺

Liber 利伯尔，酒神，苍穹之子

Libya 利比亚，地名

Lindus 林都斯

Lion 狮子座，星座名

Locrians 洛克里人

Lucifer 露际弗，行星名

Lucilius 卢齐利乌斯，罗马讽刺作家

Lucina 卢齐娜，女神名

Lusius 吕西乌斯河，河名

画家
Palaemon 帕莱蒙,伊诺之子
Pallas 帕拉斯,密涅瓦之父
Pamphilus 帕菲鲁斯,伊壁鸠鲁的老师
Pans 潘,希腊大神名
Panaetius 帕奈提乌斯
Papirius Maso 帕庇里乌斯·马索
Parmenides 巴门尼德,希腊爱利亚学派哲学家
Pasiphae 帕西淮,太阳神的女儿
Paulus 保卢斯
Pelops 珀罗普斯,阿特柔斯之父
Penates 珀那忒斯,家政神
Penelope 珀涅罗珀,大神潘之母
Peripatetics 逍遥学派,亚里士多德创建的哲学学派
Persaeus 培尔赛俄斯,斯多亚学派哲学家
Perseis of Macedon 马其顿的珀耳塞斯,希腊神话人物,海洋神和太阳神的女儿
Perseus 英仙座,星座名
Phaedo 斐多,希腊哲学家苏格拉底的学生
Phaedrus 斐德罗,伊壁鸠鲁学派哲学家
Phalaris 法拉里斯,阿格里根特的僭主
Pheneus 弗纽斯
Philo 斐罗,西塞罗的老师
Phoenician 腓尼基人
Phoronis 福洛尼斯
Phrygian Book 弗里吉亚书卷
Phthah 佛萨,埃及神
pieriae 庇厄里埃
pierides 庇厄里得斯,诗人
Pierus 庇厄卢斯,神话人物,缪斯之父
Pisistratus 庇西斯特拉图,雅典僭主
Plato 柏拉图,希腊大哲学家
Pluto 普路托
Pollux 波吕丢刻斯,神灵
Portunus 波尔图努斯,庇护神
Posidonius 波西多纽,哲学家,西塞罗的老师
Prodicus of Chios 开俄斯群岛的普罗狄科,希腊智者哲学家
Proserpina 普洛塞尔皮那,狄斯的妻子
Proserpine 普洛塞尔庇涅,狄安娜之母
Protagoras 普罗泰戈拉,希腊智者哲学家
Providence 神意
Publius Claudius 浦伯利里乌斯·克劳狄乌斯
Publius Scaevola 浦伯利里乌斯·斯凯沃拉,罗马执政官
Publius Scipio 浦伯利里乌斯·斯圣

庇俄

Publius Vatinius 浦伯利里乌斯·瓦提尼乌斯,年轻人的祖父

Pupius Piso 浦庇乌斯·庇索,罗马执政官

Punic War 布匿战争

Pyriphlegcthon 皮里佛勒格索河,希腊神话中冥府中的河流

Pyrrhus 皮洛斯,伊庇鲁斯人的国王

Pythagoras 毕达戈拉斯,希腊早期哲学家

Quintus Catulus 昆图斯 卡图卢斯

Quintus Lucilius Balbus 昆图斯·卢齐利乌斯,巴尔布斯

Quintus Maximus 昆图斯·玛克西姆

Quintus Scaevola 昆图斯·斯凯沃拉,浦伯利里乌斯·斯凯沃拉之子

Quintus Socius 昆图斯·索西乌斯,罗马骑士

Quintus Varius 昆图斯·瓦里乌斯,罗马平民官

Quirinus 奎里努斯

Ram 白羊座,星座名

Reate 雷阿特,地名

Regillus 瑞吉鲁斯湖,位于拉丁姆

Regulus 瑞古卢斯,罗马人名

Rhesus 瑞索斯,缪斯之子

Romulus 洛摩罗斯,传说中罗马的创建者和第一个国王

Roscius 洛司基乌斯,罗马演员

Rutilius 鲁提利乌斯,罗马执政官

Sabazia 萨巴吉亚节,纪念酒神狄俄尼索斯

Sagra 萨格拉,意大利河名

Sais 萨伊斯,地名

Salaria 萨拉里亚,罗马路名

Samos 萨摩斯,地名

Samothrace 萨摩色雷斯,北爱琴海的一个岛

Sardinia 撒丁尼亚,地名

Sapiens Laelius 萨庇恩斯·莱利乌斯,罗马执政官

Saturn 萨杜恩,罗马神名,朱比特之父;土星

Satyrs 萨提尔

Scaevola 斯凯沃拉,罗马执政官

Scipio Africanus Major 大斯基庇俄·阿夫里卡努斯,第二次布匿战争中的罗马统帅

Scipio Africanus Minor 小斯基庇俄·阿夫里卡努斯,第三次布匿战争中的罗马统帅

Scorpion 天蝎座,星座名

Scylla 斯库拉,栖居在锡拉岩礁上攫取船上水手的女妖

Semele 塞美勒,利伯尔的父亲

Sempronius Gracchus 塞普洛尼乌斯·格拉克库斯,罗马执政官

Seriphus 塞里福斯，岛名
Sibylline 西庇尔的预言书
Sibyls 西庇尔，预言家
Silus 西卢斯
Silvanus 西尔瓦诺斯，森林之神
Simonides 西摩尼得斯，希腊抒情诗人
Socrates 苏格拉底，希腊哲学家
Sospita 罗马天后朱诺的别名
Sparta 斯巴达，希腊城邦名
Speusippus 斯彪西波，柏拉图的外甥，学院派首领
Spino 斯宾诺河，靠近罗马的一条河
Spoonbill 琵鹭，鸟名
Strato 斯特拉托，希腊地理学家
Stratonicus 斯特拉托尼库斯，雅典音乐家
Syrians 叙利亚人
Tantalus 坦塔罗斯，地狱
Tellus 忒路斯，土地神
Tenedes 得内杜，岛名
Tenes 特涅斯神话英雄
Terence 泰伦斯，罗马剧作家
Thales of Miletus 米利都的泰勒斯，希腊哲学的创始人
Thelxinoe 塞尔克西诺
Theodorus of Cyrene 居勒尼的塞奥多洛，哲学家
Theophanies 塞奥法尼亚，人名
Theophrastus 塞奥弗拉斯特，希腊哲学家
Theseus 忒修斯，尼普顿之子
Thetis 忒提斯阿喀琉斯之父
Thoth 索斯，埃及神
Thrace 色雷斯，地名
Thyestes 提厄斯忒斯，阿特柔斯之兄弟
Thyone 绪俄涅，狄俄尼索斯之母
Tiher 台伯河
Tiberinus 提伯里乌斯，台伯河神
Timocrates 提谟克拉底，伊壁鸠鲁的学生
Tiresias 提瑞西阿斯，传说中的瞎眼预言家
Titans 提坦神
Titus Coruncianus 科隆塞阿努斯，罗马执政官
Thrasimene 色拉西美努湖
Tmolus 特摩鲁斯
Trieterides 每三年举行一次的节日，在底比斯举行
Triton 特里同，传说中的男性人鱼
Tritopatreus 特里托帕特瑞乌斯
Trojans 特洛伊人
Trophonius 特洛福尼乌斯，传说中的德尔斐阿波罗神庙的建造者
Tuditanus 图狄塔努斯
Tullia 图利娅，西塞罗的女儿
Twins 双子座，星座名
Tyndareus 廷达里斯，卡斯托耳和波

吕丢刻斯之子

Tyrians 推罗人

Ulysses 乌利西斯，即希腊神话中的英雄奥德修

Upis 乌庇斯，狄安娜的名字

Uranus 天神

Valens 瓦伦斯，墨丘利之父

Veiovis 威俄维斯，古拉丁神

Venus 维纳斯，朱比特之母；金星

Vesta 维斯太，炉灶和神坛之女神

Virgin 处女座，星座名

Vulcan 伏尔甘，罗马火神

Wine Bowl 巨爵座，星座名

Xenocrates 克塞诺克拉底，伊壁鸠鲁的老师

Xenophanes 克塞诺芬尼，希腊埃利亚学派哲学家

Xenophon 色诺芬，希腊哲学家，苏格拉底的学生

Xerxes 泽尔士

Zeno of Elea 埃利亚的芝诺，埃利亚学派哲学家

Zeno of Citium 基提翁的芝诺，斯多亚学派创始人

Zeno of Sidon 西顿的芝诺，伊壁鸠鲁学派哲学家

Zodiac 黄道十二宫图

图书在版编目(CIP)数据

论神性/(古罗马)西塞罗著;石敏敏译.—北京:商务印书馆,2017
(汉译世界学术名著丛书:120年纪念版:珍藏本)
ISBN 978-7-100-14698-2

Ⅰ.①论… Ⅱ.①西… ②石… Ⅲ.①神学—研究②古希腊罗马哲学 Ⅳ.①B972②B502.42

中国版本图书馆CIP数据核字(2017)第159789号

汉译世界学术名著丛书
(120年纪念版·珍藏本)
论 神 性
〔古罗马〕西塞罗 著
石敏敏 译

商 务 印 书 馆 出 版
(北京王府井大街36号 邮政编码100710)
商 务 印 书 馆 发 行
北 京 冠 中 印 刷 厂 印 刷
ISBN 978-7-100-14698-2

2017年12月第1版 开本710×1000 1/16
2017年12月北京第1次印刷 印张17
定价:85.00元